Fundus-Bücher 122

Julij Kagarlizki

Shakespeare und Voltaire

VEB Verlag der Kunst Dresden

Aus dem Russischen übersetzt von Manfred Denecke

ISBN 3-364-00167-7

Inhalt

Einführung

Die Namen Shakespeare und Voltaire standen im Erscheinungsjahr der englischen Ausgabe der «Philosophischen Briefe» (1733) nebeneinander. Im Achtzehnten Brief machte Voltaire seine Zeitgenossen auf das große Talent Shakespeares aufmerksam, kritisierte ihn jedoch gleichzeitig.

Die Zeit hat Voltaires Meinung über die Genialität des englischen Dramatikers bestätigt, seine Vorwürfe hingegen entkräftet. Ist es der Mühe wert, gegenwärtig auf diese Kontroverse zurückzukommen? Angenommen, es lohnt, dann erhebt sich die Frage: aus welchem Grunde?

Ich vermute, daß ein Teil des Materials, das sich auf diese Auseinandersetzung bezieht, selbst dem deutschen Leser entgangen ist, obwohl zwei spezielle Chrestomathien zu dieser Frage vorliegen, die allerdings in vielem einander wiederholen.[1] Das betrifft vor allem die Aufnahme der Auseinandersetzung Voltaires mit Shakespeare in Rußland, doch nicht nur sie allein. Außerdem sind der tiefere Sinn dieser Auseinandersetzung und deren zahlreiche Aspekte bisher nicht erforscht worden, und die meisten Meinungen, die in diesem Zusammenhang geäußert wurden, blieben unvollständig und isoliert voneinander. Ich habe das vorrangig kulturlogischen Charakter aufweisende Buch geschrieben, um noch existierende Unzulänglichkeiten zu überwinden.

Doch besteht das Hauptanliegen meiner Arbeit nicht allein darin. Die kulturlogischen Untersuchungen haben in letzter Zeit eine Richtung genommen, die den Gedanken der Kontinuität in der Kunst in Frage stellt. Ehe man das Wesen dieses Problems ergründet (und dieses Buch bemüht sich zum Teil darum), sollte jedoch über dessen Ursprung nachgedacht werden.

Ich glaube, daß der Hauptgrund hierfür im Zusammenbruch der positivistischen Idee vom Fortschritt zu sehen ist. Der klassische Positivismus versteht die Kontinuität als Akkumulation und die Akkumulation als Fortschritt. Dabei folgt der geistige Fortschritt lediglich dem materiellen und bleibt ein wenig hinter ihm zurück.

Wie absurd erscheint uns heute nach allen Erschütterungen, die wir erlebt haben, diese platte und wohlausgewogene Theorie! Ihre Lebensfremdheit fällt einem heutzutage so sehr auf, daß man sich unwillkürlich fragt, weshalb die antipositivistische Reaktion so lange auf sich warten ließ.

Liegt es nicht daran, daß Widerstreiter gegen die Positivisten häufig die gleichen metaphysischen Positionen vertreten (etwa Thomas Kuhn und Michel Foucault)?

Die Sterilität der positivistischen Auffassung vom Fortschritt tritt besonders deutlich in dem Bereich der Kunst in Erscheinung. Die Positivisten verbinden zu Recht den Fortschritt mit der Kontinuität. Sie sehen jedoch Kontinuität ausschließlich als *Akkumulation* und nicht als dialektischen *Entwicklungsprozeß* über die Negation und Negation der Negation, der sich durch die gesamte Geschichte der Kunst zieht. Deshalb bedeutet die Ablehnung der positivistischen Idee von der Kontinuität nicht die Ablehnung der Kontinuität schlechthin. Man darf in seiner Auseinandersetzung mit der positivistischen Idee nicht so weit gehen, diese These völlig zu verwerfen. Das würde bedeuten, das kultur- und kunstgeschichtliche Erbe ebenso undialektisch aufzuarbeiten wie dies die Vertreter der positivistischen Anschauung taten. Das hieße, nicht gegen sie anzutreten, sondern sie anzuerkennen.

Der Verfasser dieses Buches vertritt die Auffassung, daß Kontinuität als wichtigster Mechanismus in der Kulturgeschichte gilt, ihre Entwicklung jedoch dialektisch, d. h. über die Negation, erfolgt. Dabei wird der Gegenstand der Negation nicht willkürlich ausgewählt. Sehr häufig wird negiert, was man mit gespannter Aufmerksamkeit betrachtet und in diesem Falle die innere Gefahr birgt, das eigene Gesicht zu verlieren. Diesem Umstand zu entgehen, verschärft man die Angriffe.

Deshalb beschäftigt sich dieses Buch auch mit Voltaires Polemik gegen Shakespeare. Diese Auseinandersetzung ist geradezu ein Schulbeispiel dafür, wie eine Epoche eine andere mißverstehen kann. Es scheint keinen komplizierteren Fall zu geben, die Kontinuität zweier Epochen zu beweisen. Doch beginnen wir zunächst mit dem schwierigsten Fall.

Der Gegensatz und die Berührungspunkte zwischen Shakespeare und Voltaire haben tiefe soziale und kulturelle Wurzeln.

Shakespeare und Voltaire stehen in denselben Beziehungen zueinander wie die Epochen, denen sie angehörten. Shakespeare gehörte der Renaissance, Voltaire der Epoche der Aufklärung an. Die Epoche der Reformation und der wissenschaftlichen Revolution trennte und vereinte beide.

Der Humanismus war auf dem europäischen Kontinent eine der wichtigsten Etappen, wenn nicht überhaupt die wichtigste Etappe, in der die Reformation heranreifte. In dem Augenblick, da die Reformation einsetzte, trennten sich jedoch ihre Wege. Der Humanismus blieb eine elitäre Strömung. Die Reformation hingegen appellierte an die unwissenden, noch ganz dem religiösen Bewußtsein verhafteten Massen. Sie förderte auf ihre Art die Säkularisierung dieses Bewußtseins, indem sie es zur Aneignung der rationalistischen Denkweise anregte, die durch die Erfolge der Wissenschaft und die Entwicklung bürgerlicher Beziehungen vorbereitet wurde. Die Kulturaufgabe der Aufklärung bestand in der Vereinigung des Erbes und der neuen Errungenschaften des Humanismus mit dem Massenbewußtsein und letztlich mit der Massenbewegung. Die Aufklärung wurde eine Ideologie, die die Massen erfaßte und die Große Französische Revolution vorbereitete. Zur Festigung dieser rationalistischen Philosophie trugen auch politische Ereignisse der jüngsten Vergangenheit bei. Die Aufhebung des Edikts von Nantes (1685) prädestinierte in Frankreich die Aufklärung, da die «Häresie» der Hugenotten erstickt wurde und die Opposition weltlichen Charakter annahm.

England hatte sich anders entwickelt. Dort war die Reformation – sie verlief im Vergleich zur Reformation auf dem Kontinent in bescheideneren Grenzen – der Renaissance *vorausgegangen,* und so ging der Humanismus der Epoche Shakespeares weit über den Rahmen des Elitären hinaus. Shakespeare sprach zum Volk. Danach strebten auch die Franzosen.

In jeder Periode der Kulturgeschichte dominiert – ganz gleich in welchem Lande – immer eine bestimmte Kunstgattung. Für die Renaissance in England war dies das Theater. Auf den Klassizismus der Aufklärung in Frankreich trifft das ebenfalls zu. Dieser Umstand verband indirekt den Klassizismus Voltaires mit Shakespeare in der Periode, in der man nach neuen Quellen zur Bereicherung der klassizistischen Tradition des 17. Jahrhunderts suchen mußte, die sich allmählich erschöpfte.

Doch allein die Tatsache, daß Shakespeare ein Dramatiker des ausgehenden 16. und beginnenden 17. Jahrhunderts ist, Voltaire aber dem 18. Jahrhundert angehört, bedingt die zwischen ihnen bestehenden grundlegenden Unterschiede.

Shakespeare stützte sich in seinem Schaffen auf das vorwissenschaftliche Weltbild, das sich bereits in der Spätantike entwickelt hatte und die Vorstellungen des Mittelalters und der Renaissance über das Weltall und die Kultur bestimmte. Die Einheit der Welt offenbarte sich dieser Konzeption entsprechend in mystifizierter Form; sie stellte sich gewissermaßen als eine große Kette des Seins dar, die Gott, die Engel, den Menschen, die Tiere, die niederen Formen des Lebens und die anorganische Natur fest zu einem untrennbaren, wenn auch hierarchisch koordinierten Ganzen miteinander verband. Die Idee von der Kontinuität der Welt lag auch der originellen «Naturphilosophie» der Kunst der Renaissance, genauer, deren Mythologie zugrunde. Sie bildete für die Kunst dieser Epoche die geistige Grundlage wie seinerzeit die Volksmythologie für die altgriechische Kunst. Dieses System kann natürlich nicht als wissenschaftlich bezeichnet werden. Es war vielmehr halbpoetisch, halbreligiös. Doch wurde in ihm der Zusammenhang allen Seins spontan dialektisch begriffen.[2]

Voltaire gehörte einer anderen Kulturepoche an, die in direktem Gegensatz zur Renaissance stand. Das 17. und das 18. Jahrhundert war die Zeit der ersten wissenschaftlichen Revolution. Erst ihr gelang es, die Welt zu entmythologisieren und eine konsequent rationale Einstellung zu ihr zu finden. Doch dazu mußte sie analysiert werden. Die Welt wurde nunmehr in ihren inneren Bestandteilen erforscht, und dies bedingte eine neue Art des Denkens. Natürlich versuchte der menschliche Verstand wie ehedem die gesamte Welt zu erfassen, sie als ein Ganzes zu begreifen, und als ihr größtes Genie (wenn auch nicht sofort und kampflos) anerkannte das 17. und das 18. Jahrhundert Isaac Newton, der aus den entdeckten und beschriebenen Teilchen des Weltalls erneut ein System zu schaffen vermochte; doch war das bereits ein System anderer Art. Die Renaissance sah die Welt in ihrer ursprünglichen Totalität. Das 18. Jahrhundert strebte danach, das Analysierte zusammenzufügen. Gab es dabei nur Einbußen? Natürlich nicht.

Gestützt auf vorausgegangene Entdeckungen (es sei hier nur an Galilei und Kopernikus erinnert), bereitete das 18. Jahrhundert die moderne Wissenschaft und das moderne Denken vor. «Ich stelle keine Hypothesen auf!», erklärte Newton. Das bedeutete gleichsam eine zur Widerlegung des Systems von Descartes (der Kartesianer) abgegebene Deklaration der Rechte experimenteller Erkenntnis, die nicht von geistiger Spekulation ausging (– wir begreifen heutzutage erneut den Nutzen einer kühnen Hypothese, doch wie hatte sich diese in jener Zeit kompromittiert! –), sondern von konkreter Forschung. Das 18. Jahrhundert gewöhnte sich immer mehr an die Newtonsche Welt, die bereits in diesem ihrem Aspekt begriffen wurde. Dieser Welt konnte es zuweilen an Farben mangeln, doch gewann sie eine ungewöhnliche Exaktheit und Transparenz.

Die vorantreibende Kraft des 18. Jahrhunderts lag insbesondere darin, daß es die Überlieferungen vergangener Jahrhunderte produktiv anzweifelte und sich selbst ebenfalls in Frage zu stellen vermochte.

Shakespeare ist eine große spontane Dialektik eigen. Er ging mehr als irgendein anderer Schriftsteller mit der Welt konform, die Welt aber existiert und entwickelt sich nach den Gesetzen der Dialektik.

Das 18. Jahrhundert hatte dieses dialektische Denken eingebüßt. In ihm dominierte das metaphysische System der Begriffe. Die Wissenschaft des 18. Jahrhunderts sah ihre Aufgabe in der Beschreibung, Systematisierung und im Ergründen der Wechselbeziehungen stabiler Naturelemente. «Systema naturae» hatte der große Biologe Karl von Linné sein 1735 erschienenes Buch genannt. «Systema naturae» – konnte man einen genaueren Titel wählen? Mit dem Klassifizieren und Systematisieren begann auch Jean Baptiste Antoine Pierre Monet de Lamarck. Doch nachdem sie die Tier- und Pflanzenwelt in ihren Beschreibungen erfaßt, sie ein für allemal klassifiziert und eine untadelige Himmelsmechanik geschaffen hatte, stand die anfangs so revolutionäre Naturwissenschaft «plötzlich vor einer durch und durch konservativen Natur, in der alles noch heute so war, wie es von Anfang an gewesen, und in der – bis zum Ende der Welt oder in Ewigkeit – alles so bleiben sollte, wie es von Anfang an gewesen.»[3] Am Ende des Jahrhunderts hatte die Wissenschaft diesen Widerspruch gelöst. Im Laufe der zweiten Jahrhunderthälfte kamen die Philosophen immer wieder auf den Gedanken von der Veränderlichkeit der organischen Welt. So schrieb Diderot in seinem «Brief über die Blinden zum Gebrauch der Sehenden» (1749), Darwin antizipierend, die heutigen Formen der Tiere seien dadurch entstanden, daß im Laufe der Entwicklung der Natur «die Mißgestalten nach und nach ins Nichts zurücksanken, daß alle fehlerhaften Verbindungen der Materie verschwanden und, daß nur die blieben, bei denen der Mechanismus keinen bedeutenden Widerspruch enthielt, und die durch sich selbst bestehen und sich fortpflanzen konnten.»[4] Die erste umfassende Evolutionstheorie der lebenden Natur nahm am Jahrhundertende Gestalt an und wurde zu Beginn des folgenden Jahrhunderts zum Allgemeinbesitz: 1809 veröffentlichte Lamarck seine zweibändige «Zoologische Philosophie». Das Jahrhundert, das erstmals den Begriff des materiellen und sozialen Fortschritts im Bewußtsein der Menschen befestigte, bezog damit diese Kategorie auf die Welt als Ganzes.

Das 18. Jahrhundert war kein Jahrhundert der Dialektik,

aber es bereitete die Welt wieder auf die Akzeptation der Dialektik in ihrer bewußt angeeigneten Form vor. Die wissenschaftliche Revolution des 16. und 17. Jahrhunderts zeitigte nicht nur ihre eigenen Früchte, sondern ebnete indirekt der Menschheit auch den Weg, das gesamte Denksystem zu ändern. Engels hat in seiner «Dialektik der Natur» darauf verwiesen, daß der Begriff der Variablen, den Descartes in die Mathematik eingeführt hat, den Wendepunkt in dieser Wissenschaft bedeutete. «Damit die *Bewegung* und *damit die Dialektik* in der Mathematik, und *damit auch sofort mit Notwendigkeit die Differential- und Integralrechnung,* die auch sofort anfängt und durch Newton und Leibniz im ganzen und großen vollendet, nicht erfunden.»[5]

Im «Anti-Dühring» schreibt Engels: «Wir haben hier also schon bei Rousseau nicht nur einen Gedankengang, der dem in Marx' ‹Kapital› verfolgten auf ein Haar gleicht; sondern auch im einzelnen eine ganze Reihe derselben dialektischen Wendungen, deren Marx sich bedient: Prozesse, die ihrer Natur nach antagonistisch sind, einen Widerspruch in sich enthalten, Umschlagen eines Extrems in sein Gegenteil, endlich als Kern des Ganzen die Negation der Negation.»[6] Weiter heißt es: «Wenn Rousseau also 1754 den Hegel-Jargon noch nicht sprechen konnte, so ist er doch, 16 Jahre vor Hegels Geburt, tief von der Hegel-Seuche, Widerspruchsdialektik, Logoslehre, Theologik usw. angefressen.»[7]

Was die Kunst anbelangt, so war das 18. Jahrhundert ein Jahrhundert des Klassizismus. Nachdem er im Frankreich des 17. Jahrhunderts seine vollendete, klassische Gestalt angenommen hatte, wurde er im 18. Jahrhundert zu einem gesamteuropäischen System. Mit seinen Regeln, Richtschnuren, seiner strengen Einteilung der Gattungen und seinem System der dramatischen Einheiten entsprach er ganz genau dem Geist der Zeit. Der Klassizismus geriet im 18. Jahrhundert jedoch in eine Krise. Seine klassischen Vorbilder waren letztlich passé, und der Versuch einer Reform, den Voltaire unternahm, brachte trotz des großen Erfolgs vieler seiner Stücke nicht das erhoffte Ergebnis. Da tauchte Shakespeare, ein Unbekannter, im Kulturleben des europäischen Kontinents auf. Man hatte ihn gerufen, damit er mithalf, den Klassizismus zu reformieren, doch er erwies sich als eine Kraft, die ihn ins Verderben stürzte. Er beeinflußte und veränderte das künstlerische Denken Europas von Grund auf, so daß die Positionen des Klassizismus hoffnungslos veraltet erschienen.

Der große Engländer besaß, was das Jahrhundert nicht aufwies, unbewußt als Mangel empfand und mit seiner Hilfe zu erlangen versuchte – Dynamik, Dialektik und Mehrdimensionalität. Shakespeare kam nicht als Eroberer auf den europäischen Kontinent, der alles auf seinem Wege hinwegfegte. Er trug zur völligen Veränderung des künstlerischen Bewußtseins bei, doch es wurde bereits Existierendes umgestaltet. Shakespeare zerstörte das neue Denksystem nicht, sondern fügte sich ihm ein und bereicherte es.

So brauchte nicht nur das 18. Jahrhundert Shakespeare, sondern auch Shakespeare das 18. Jahrhundert. «Wenn spätere Generationen sich bedeutende Werke aneignen», schrieb M. Bachtin, «werden diese um neue Deutungen, neue Interpretationen bereichert; diese Werke überragen gleichsam, was sie in der Epoche darstellten, in der sie entstanden.» Das treffendste Beispiel hierfür sei Shakespeare, meint Bachtin. «Natürlich», schreibt er, «ist Shakespeare groß geworden durch das, was tatsächlich in seinen Werken steckte und steckt, was aber weder er selbst, noch seine Zeitgenossen im Kontext der Kultur ihrer Epoche bewußt sehen und beurteilen konnten. Geistige Leistungen können im Verborgenen existieren und potentiell erst entdeckt werden unter für eine solche Entdeckung günstigen kulturellen Bedingungen der nachfolgenden Epochen.»[8]

Natürlich übertreibt Bachtin in diesem Fall. Shakespeares Bedeutung war den aufmerksamsten seiner englischen Zeitgenossen nicht entgangen. Bereits Ben Jonson nannte ihn in seinem Poem, das der ersten Werkausgabe Shakespeares (dem sogenannten «ersten Folio») vorangestellt war, den Stolz Britanniens und prophezeite ihm Weltruhm für alle Zeiten. Es mußte noch eine geraume Frist vergehen, ehe diese prophetischen Worte sich bewahrheiteten. Das 18. Jahrhundert bedeutete auch die erste Etappe, in der man sich Shakespeares bewußt wurde. Die Kulturwerte der Antike und des Mittelalters, die die Renaissance kondensiert hatte, gelangten auf schwierigem Wege in unser rationales Jahrhundert, und die Epoche der Aufklärung trug dazu bei, ihnen den Weg zu bahnen, sie im Lichte der neuen historischen und kulturellen Erfahrung zu verarbeiten und an die Oberfläche zu bringen, was in deren Tiefen verborgen war. Sie unternahm die ersten, d. h. die schwierigsten Schritte zu ihrer Aneignung, und deshalb betonen wir heute gern, wie vieles die Menschen jener Zeit nicht verstanden haben. Doch brauchen wir uns nicht einzubilden, daß wir mehr verstehen: ohne sie würden wir nichts begreifen.

Das 18. Jahrhundert hörte die ersten Lobeshymnen auf Shakespeare als den bedeutendsten Dramatiker aller Zeiten. Es brachte leidenschaftliche Verehrer der Dramatik Shakespeares hervor, die die großen Shakespeare-Rollen spielten, eindrucksvolle Shakespeare-Aufführungen veranstalteten und viele verborgene Wahrheiten seines Werkes ergründeten.

Doch geht die Kulturgeschichte sonderbare Wege. Eine der sonderbarsten Gestalten in der Geschichte der Aneignung Shakespeares war Voltaire. Er hat uns auch geholfen, Zugang zu Shakespeare zu finden – er, der mehr als andere gegen Shakespeare polemisierte und über ihn so viele ungerechte Worte verlor.

Die Geschichte einer Auseinandersetzung

«Shakespeare und Voltaire» – so kann man eine der erbittertsten Auseinandersetzungen in der Geschichte des Welttheaters bezeichnen. In ihrem Verlauf erwies sich Shakespeares Bedeutung für Europa, wurden die historischen und ästhetischen Grenzen des Klassizismus ermittelt, der bis dahin als alleiniges und ewiges System gegolten hatte.

Voltaire polemisierte in seinen Reden, Briefen und ästhetischen Schriften gegen Shakespeare, und Shakespeare entgegnete Voltaire mit seinem Werk. Er war 78 Jahre vor der Geburt seines Opponenten gestorben und konnte ihm nicht anders erwidern. Doch überzeugte seine Entgegnung vorbehaltlos: Shakespeare, nicht aber Voltaire, auch nicht dessen Vorgänger Corneille und Racine, nahm den ersten Platz in der Weltdramatik ein. Im Repertoire eines beliebigen europäischen Theaters ist die ausländische Klassik in den letzten 100–150 Jahren vor allem durch Shakespeare repräsentiert worden. Eigentlich trifft die Bezeichnung «ausländische Klassik» gar nicht auf ihn zu, denn er bereicherte so sehr die Bühnentradition und das Kulturleben aller Völker, daß sein Werk bereits nicht mehr allein dem Land gehört, das ihn hervorgebracht hat, sondern der ganzen Menschheit. Voltaires Bühnenschicksal gestaltete sich anders. Zu Lebzeiten als großer Dramatiker anerkannt, verschwand er in der Folgezeit aus dem Repertoire, und die nachfolgenden Generationen kritisierten sein dramatisches Werk unbarmherzig. «Sechzig Jahre hat er das Theater mit Tragödien heimgesucht, in denen er, ohne sich um die Glaubwürdigkeit der Charaktere und die Rechtmäßigkeit der Mittel zu kümmern, seine Personen zwang, bei jeder passenden oder unpassenden Gelegenheit die Maximen seiner Philosophie zum besten zu geben»,[9] schrieb Puschkin im Jahre 1833 über ihn.

Der Ausgang des Streits war zu anschaulich, um nicht eine eindeutige Reaktion auszulösen. Die Erwähnung Voltaires, der sich gegenüber der großen Kunst Shakespeares verschlossen hatte, und des Klassizismus, der der Kunst des Dramas insgesamt und seinen bedeutendsten Vertretern im besonderen sehr geschadet hat, ist zu einem Allgemeinplatz der Literatur- und Theaterwissenschaft geworden. Welche Worte der Sympathie haben seitdem Corneille und Racine zu hören bekommen, die ohne Zweifel bedeutend waren. Doch um wieviel größer wären sie gewesen, hätten sie nicht die einengende Macht der «Regeln» gekannt! Manchmal konnte man sogar den Eindruck gewinnen, daß Corneille und Racine in der Kunst der Tragödie weit mehr Erfolg gehabt hätten, wenn sie nicht sie selbst, sondern jemand anders, am besten natürlich Shakespeare, gewesen wären. Alle dachten an die berühmte Kontroverse über den «Cid», als Corneille dafür gerügt wurde, daß er die «Regeln» nicht streng genug eingehalten hatte, übersahen jedoch etwas anderes: Corneille konnte seinen «Cid» erst schreiben, nachdem er sich freiwillig der Macht der «Regeln» unterworfen hatte. Jedes Jahrhundert entscheidet selbst, was ihm gemäß ist, und diejenigen sind groß, die besser als andere ihr Jahrhundert begriffen haben. Sollte man in diesem Falle nicht lieber darüber nachdenken, was Voltaire an Shakespeare begriffen als darüber, was er an ihm nicht begriffen hat?

Der Klassizismus war seiner Natur nach Shakespeare gegenüber so feindselig gesonnen, daß über einen langen Zeitraum, da der große Brite auf dem europäischen Kontinent Fuß faßte, nur vom «Wer – Wen» die Rede war. Dadurch blieb ein sehr wichtiger Umstand außerhalb des Blickfeldes: als Klassizist entdeckte Voltaire ziemlich viele Vorzüge bei Shakespeare.

Wie das 18. Jahrhundert etwas von Shakespeare verstanden hat, so hat das 20. Jahrhundert schließlich etwas vom Klassizismus begriffen. Shakespeare und Racine werden nicht mehr als Antagonisten gesehen. In den letzten Jahrzehnten begannen einige klassizistische Tendenzen wiederaufzuleben, nicht nur im Theater, sondern auch im, möchte man meinen, den «Regeln» von Anfang an so ablehnend gegenüberstehenden Film. Denken wir nur an Filme wie «Marie-Octobre» (1958) von Julien Duvivier (1896–1967) und «Die zwölf Geschworenen» (1957) von Sidney Lumet (geb. 1924), in denen – und dabei zweifellos zum Nutzen des Films! – alle drei Einheiten streng eingehalten wurden. Dramatiker wie der Franzose Jean Giraudoux, die Österreicher Fritz Hochwälder und Ferdinand Bruckner (Theodor Tagger), der Schweizer Friedrich Dürrenmatt und viele andere stützten sich erneut auf die Einheiten. Erwiesenermaßen hat der Klassizismus also nicht umsonst existiert: Er hat das Theater stark beeinflußt und eine entscheidende Rolle bei der Entstehung des Tendenzdramas gespielt. Der Klassizismus revanchierte sich angesichts einer Kunst, die bereits seit langem von dem großen Genie eines Shakespeare befruchtet worden war. Er hatte jetzt selbst einen Wandel erfahren.

Trotzdem überwog Shakespeares Einfluß auf das Welttheater. Doch wäre es niemals zu diesem Sieg gekommen, hätte es nicht die Polemik gegeben, die Voltaire einst gegen Shakespeare begonnen hatte. Gerade diese Kontroverse, in deren Verlauf die Namen «Shakespeare» und «Voltaire» von einem bestimmten Augenblick an bereits wie Appellativa klangen, trug dazu bei, Shakespeare in die neue Kunst einzuführen, die ihre Mittelalter- und Renaissanceetappe längst überwunden hatte, und ihn mit den Augen von Menschen einer neuen Zeit zu lesen. Erst hatte man ihn nicht zur Kenntnis genommen, dann begann man gegen ihn zu polemisieren, und im Laufe dieses Streits lernte man ihn verstehen, hinter dem historisch Bedingten das Gültige und hinter den ungewohnten Ausdrucksformen große Kunst zu sehen.

In Frankreich entbrannte der Streit um Shakespeare besonders heftig. Dieser Umstand entschied vieles.

Die Beziehungen zwischen der englischen und der französischen Literatur sowie dem englischen und französischen Theater zu Beginn und während des gesamten 18. Jahrhunderts können keineswegs als gleichberechtigt bezeichnet werden. In England kannte man Frankreich und ahmte es oft nach. In Frankreich lagen die Dinge anders. Das französische Theater wurde von Italien und Spanien beeinflußt. Zwar war im Jahre 1589, also noch zu Lebzeiten Shakespeares, eine durchreisende englische Truppe mit großem Erfolg in Paris aufgetreten, doch wenn die ausländischen Komödianten den Namen des englischen Dramatikers auch zufällig erwähnten, so blieb er den Franzosen nicht im Gedächtnis. Als Joan Blaeu im Jahre 1645 den vierten Band seines umfangreichen geographischen Handbuchs herausgab (– es heißt geradezu programmatisch «Theatrum mundi» –), konstatierte er in dem Beitrag «Stratford – upon – Avon», daß in dieser Stadt zwei berühmte Persönlichkeiten zur Welt gekommen seien – der Richter von London und der Erzbischof von Canterbury ...

Natürlich gelangten von Zeit zu Zeit Nachrichten über Shakespeare nach Frankreich. Ein Beleg dafür ist der Brief des geistvollen französischen Schriftstellers Charles de Saint-Evremond (1610–1703) an die Herzogin Mazarin aus dem Jahre 1682, den Theaterhistoriker aufgefunden haben. In ihm wird der englische Dramatiker erwähnt.[10] Diese allerdings oft sehr lückenhaften Informationen stammten stets von Personen, die lange Jahre in

England gelebt und mehr oder minder ihr Schicksal mit ihm verbunden hatten. So bekleidete Saint-Evremond seit 1661 eine angesehene Stellung am Hofe des englischen Königs Karl II. Er verließ England auch nicht nach der Revolution von 1688, die die Stuarts gestürzt hatte, und starb 1703 im Alter von dreiundneunzig Jahren in London. Der Dramatiker Philippe Destouches (1680–1754), der den fünften Akt von Shakespeares Drama «Der Sturm» übersetzt hat (diese Übertragung wurde erst 1758 veröffentlicht), war von 1717 bis 1723 Sekretär der Französischen Botschaft in London und hatte sogar heimlich eine Engländerin geheiratet (was übrigens den Stoff für seinen 1727 entstandenen «Verheirateten Philosophen» abgab). Abbé Prévost und Voltaire hatten längere Zeit in England gelebt. Wenn man Shakespeare kennenlernen wollte, mußte man schon in dessen Heimatland fahren.

Es ist übrigens zuverlässig belegt, daß auf jeden Fall zwei Exemplare der Stücke Shakespeares im 17. Jahrhundert den Ärmelkanal überquert haben. Das Verzeichnis der englischen Bücher des Oberintendanten der Finanzen Nicolas Fouquet (1615–1680), das heute in der Pariser Staatsbibliothek aufbewahrt wird, nennt den Shakespeare-Band, den der berühmte Finanzmann und Günstling des Kardinals Mazarin für einen Sou gekauft hatte. Vermutlich handelt es sich hierbei um den ersten Folioband (1623), dessen Preis heute Zehntausende beträgt. Das andere Shakespeare-Exemplar ist in noch höhere Kreise gelangt. Das Bücherverzeichnis Ludwigs XIV., das der königliche Bibliothekar Nicolas Clément in den Jahren 1675 bis 1684 zusammenstellte, enthält den zweiten Folioband (1632), wobei Clément folgende kurze Annotationen hinzugefügt hat: «Dieser englische Dichter besaß eine vortreffliche Phantasie, dachte wahrhaftig und drückte sich gewählt aus, doch diese seine vortrefflichen Eigenschaften wurden dadurch beeinträchtigt, daß er sich über die Regeln hinwegsetzte.»[11] Diese wohlwollende Charakteristik ist über Jahrzehnte hinweg unübertroffen und für die nächsten Jahre auch die ausführlichste geblieben.

Ein Jahr später, nachdem Clément seinen Katalog beendet hatte, wurde Shakespeare schließlich in einer Publikation erwähnt. Im zweiten Band des in den Jahren 1685 und 1686 in Paris veröffentlichten Buches von Bayle «Ansichten über Gelehrte» begegnet man in dem ziemlich ausführlichen Verzeichnis «der führenden Dichter der Britischen Inseln» auch dem Namen Shakespeare. Fünfzehn Jahre danach wurde dieser Name in den «Hausgesprächen» genannt, die der Grammatik von Bouillé (1700) als Anhang folgten (übrigens in ehrenvoller Umkleidung: der Verfasser nannte ihn den «Sophokles und Euripides des englischen Theaters»). Zwei Jahre später bezeichnete er Shakespeare im Vorwort zu seinem Wörterbuch als den bedeutendsten englischen Dichter – den ersten nach Dryden. Nach weiteren sechs Jahren – 1708 – veröffentlichte das «Journal des Savannes» ein Shakespeare-Zitat und betonte, daß dies «der berühmteste Verfasser von Tragödien in England» sei. Und schließlich publizierte das 1717 in Holland herausgegebene «Literaturjournal» das «Traktat über die englische Poesie», in dem mehr oder weniger ausführlich «Hamlet», «Othello», «Heinrich VI.» und «Richard III.» beschrieben wurden. Das ist alles, was in Frankreich in den hundert Jahren, die seit dem Tode Shakespeares vergangen waren, über den großen Stratforder gesagt wurde.

Es darf natürlich nicht übersehen werden, daß der «Spectator» von Steele und Addison, in dem der Name Shakespeare wiederholt erwähnt wurde, dreimal ins Französische übersetzt wurde (in Amsterdam 1716–1718, in Paris 1716–1726 und 1755). Doch haben die Leser, die in diesem satirisch-erbaulichen Journal vor allem Schilderungen englischer Sitten erwarteten, anfangs diesen ungewohnten Namen wohl kaum beachtet. Zwar erklärt sich nach Auffassung von C. M. Haines gerade aus der Bekanntschaft mit dem «Spectator» noch eine Erwähnung Shakespeares in Frankreich – diesmal seiner Chroniken, doch bezeugt diese Hypothese, auch wenn man Haines glaubt, sehr wenig.[12]

Die Franzosen besaßen nur spärliche Informationen über Shakespeare. Das wurde noch durch die Tatsache unterstrichen, daß sie bereits seit den neunziger Jahren des 17. Jahrhunderts einige Seiten des geistigen und politischen Lebens Englands ziemlich gut kannten. Diese Kenntnisse wurden vor allem durch die Hugenotten nach Frankreich vermittelt. Sie waren infolge der zunehmenden Repressionen Mitte der achtziger Jahre des 17. Jahrhunderts und zum Teil auch nach der Aufhebung des Edikts von Nantes im Jahre 1685 nach England geflüchtet (obwohl der Versuch, die Heimat zu verlassen, mit dem Tode bestraft wurde) und versuchten, ihre Landsleute mit dem Land bekanntzumachen, das sie aufgenommen hatte. Aus diesem Grunde wurden in Holland einige Zeitschriften in französischer Sprache herausgegeben, die nach Frankreich eingeschleust wurden. Sie widmeten sich jedoch in erster Linie der Propagierung der englischen Staatsform und Philosophie. Die englische Kunst interessierte sie nicht sonderlich.

Kurzum: In dem Zeitraum, in dem der Klassizismus eine spezifisch französische Erscheinung blieb, beschäftigte Shakespeare die Franzosen und die Repräsentanten der französischen Kultur herzlich wenig. Das Interesse für Shakespeare erwachte – so paradox das auch erscheinen mag – erst in der Periode, in der die kulturelle Expansion Frankreichs einsetzte und der Klassizismus die Position eines gesamteuropäischen Stils eroberte – im 18. Jahrhundert.

Bereits in den zwanziger Jahren des 18. Jahrhunderts änderte sich allmählich das Verhältnis zu Shakespeare. In den Jahren 1694–1695 unternahm der Sohn eines Schweizer Oberstleutnants in französischen Diensten, der Berner Bürger Béate Louis Muralt (1665–1740), der «kluge und scharfsinnige Muralt» (wie ihn Voltaire nicht ohne Grund nannte, denn Muralts Ansichten antizipierten in vielem die eigenen), eine Reise durch Frankreich und England. Er schilderte seine Eindrücke in Briefen an einen Freund («Briefe über die Engländer und Franzosen»), von denen ein Teil 1712 in französischer Sprache erschien, während die vollständige Ausgabe 1725 vorlag. Diese Briefe wurden mehrmals publiziert und bald auch ins Deutsche und Englische übersetzt.

«Wenn sich die Engländer entschieden, einfacher zu schreiben und die Sprache der Natur aufmerksamer studierten, würden sie in der Tragödie fraglos alle anderen Völker Europas übertreffen», schrieb Muralt. «England ist in einem solchen Maße ein Land der Leidenschaften und Katastrophen, daß Shakespeare, einer seiner besten alten Dichter, einen beträchtlichen Teil seiner Geschichte in der Tragödie gestaltet hat. Zudem ist dieses Volk ernsthaft veranlagt, seine Sprache lakonisch, kraftvoll und zum Ausdruck von Leidenschaften gut geeignet. Deshalb sind die Tragödien der Engländer reich an vortrefflichen Stücken. Doch weisen sie die gleichen Mängel auf wie ihre Komödien und obendrein, meine ich, noch andere. Man staffiert dort die Helden der Antike aus wie in Frankreich. Hannibal erscheint in einem Helm, der auf einer gepuderten Perücke sitzt; seine Rüstung zieren Bänder, und über die Hand, die das Schwert hält, hat er einen mit Fransen besetzten Handschuh gestreift. Die Stücke – wie auch die Charaktere – stellen eine Mischung von Komischem und Ernstem dar. Traurigste Begebenheiten und absurdeste Farcen lösen einander ab ... Und schließlich werden die meisten Morde, die in ihren Tragödien verübt werden, auf offener Bühne gezeigt, so daß diese gegen Ende der Aufführung häufig mit Leichen übersät ist.»[13]

In den dreißiger Jahren erhielt der Name Shakespeare bereits einen relativ hohen Stellenwert. Abbé Prévost (Antoine-François Prévost d'Exiles, 1697–1763), Verfasser der «Manon

Lescaut», rühmte, nachdem er 1731 in London den dritten und vierten Band seiner «Memoiren und Abenteuer eines Mannes von Stand, der sich von der Welt zurückgezogen hat» veröffentlicht hatte, neben anderen englischen Dramatikern auch Shakespeare. «Ich habe einige seiner Stücke gesehen, die weder den griechischen noch den französischen nachstehen,» sagte einer der Helden des Buches über die Engländer. «Wenn ihre Dichter sich mehr den Regeln unterordneten, würde ich sogar sagen, daß sie die Griechen und Franzosen übertreffen. Was die Schönheit der Gefühle, der zarten wie der erhabenen, die tragische Form, die in der Seele verborgene Leidenschaften zu wecken vermag, die kraftvolle Rede, die Kunst, eine szenische Intrige zu entwerfen und eine Situation zu entwickeln, anbelangt, so kenne ich nichts Vortrefflicheres weder im griechischen, noch im französischen Theater. Shakespeares ‹Hamlet›, Drydens ‹Don Sebastian›, Otways ‹Die Waise› und ‹Das gerettete Venedig› und einige Stücke von Congreve, Farquhar und anderen sind Tragödien von Rang, die unzählige Schönheiten enthalten.»[14] Abbé Prévost fügte hinzu, daß die Possenreißerei natürlich manches dieser Stücke verderbe, diese jedoch auch ihren Reiz habe. Übrigens stand Abbé Prévost in Frankreich in dem Ruf eines ausgemachten Anglomanen. Wenn es ihm mitunter auch an Kenntnissen mangelte (Farquhar hat beispielsweise keine einzige Tragödie geschrieben), so wurde das durch die Offenherzigkeit und die Leidenschaftlichkeit des Neophyten wettgemacht – war doch Prévost erst vor kurzem nach England gekommen.

Allmählich ließ jedoch Prévosts Begeisterung für Shakespeare und die englische Tragödie deutlich nach. Im Juni 1733 begann er seine Tätigkeit als Herausgeber der Zeitschrift «Le Pour et le Contre» («Das Für und Wider»), die sieben Jahre erschien (eine für damalige Begriffe lange Zeit) und ihm alles abverlangte. Prévost schrieb, wie es in seinem Jahrhundert üblich war, die Beiträge der jeden Montag erscheinenden Zeitschrift von der ersten bis zur letzten Zeile selbst. Schon in Heft 3 seiner Zeitschrift, die Anfang Juni herausgekommen war, kam er erneut auf das englische Theater zu sprechen. Diesmal beurteilte es Prévost abfällig.

«Das englische Theater hat sich überhaupt noch nicht vom Joch der Grausamkeit befreit», schrieb er über die Engländer. «Gerade auf ihr begründet dieser englische Sophokles und Euripides (damit ist Shakespeare gemeint; Prévost spielt hier ironisch auf die ‹Hausgespräche› von Bouillé an – J. K.) seine Vorstellung vom Erhabenen. Du liebe Güte, was ihm nicht alles in den Sinn kommt! Und wie sehr das der Natur widerstrebt! Wir finden in diesen Tragödien weder humane Sitten, noch Charaktere. Ihre Handlung erstreckt sich über dreißig/vierzig Jahre; was ihren Inhalt betrifft, so wirken sie noch weniger glaubhaft als unsere alten Romane, aber dafür sind die Heldinnen geisteskrank, und die Helden erleiden häufig einen gewaltsamen Tod. Fügen Sie dem ein wenig Humor, makabren Prunk und die Schilderung von Kämpfen hinzu, und schon haben Sie die englische Tragödie, die man in allen Tonarten preist!»[15]

Wie ist es zu erklären, daß Prévost, vor kurzem noch Anglomane und Verehrer Shakespeares, diesen plötzlich so ungezügelt schmähte? Der amerikanische Wissenschaftler George R. Havens, Verfasser zweier Arbeiten über Abbé Prévost (von denen eine sich speziell mit dem Thema «Prévost und Shakespeare» beschäftigt), vermutete hier Voltaires Einfluß, dessen «Philosophische Briefe» Prévost gelesen hatte. Diese Hypothese ist nicht sehr überzeugend, denn der Voltaire der «Philosophischen Briefe» war Shakespeare weit mehr gewogen als sein neugebakkener Kritiker, der ihn durchfallen lassen wollte. Prévost urteilte in diesem Fall wohl ganz unabhängig. Er äußerte seine Meinung über die englische Tragödie, wie er sie sich in den zwei Jahren seines Aufenthalts in England gebildet hatte. Die erste Begeisterung, die von den neuen Eindrücken herrührte, war inzwischen verebbt, und der Geschmack, der sich seit den Tagen der Kindheit gebildet hatte, triumphierte. Voltaires Einfluß äußerte sich viel später und führte zu einer abermaligen, wenn auch diesmal nicht so auffallenden Revision seiner Ansichten.

In der zweiten September- und in der ersten Oktoberhälfte des Jahres 1733 (etwa einen Monat nach Erscheinen der englischen Ausgabe der «Philosophischen Briefe» und ein halbes Jahr vor ihrer Publikation in französischer Sprache) veröffentlichte Prévost in seiner Zeitschrift eine ausführliche, aus einigen Artikeln bestehende Rezension dieses Werkes. Er kam darin auch auf Shakespeare zu sprechen. «In seinen Werken sucht man vergeblich nach Geschmack und Kenntnis der Regeln, doch überall sprühen Funken göttlichen Feuers», schrieb er diesmal. «Natürlich besaß er eine reiche Phantasie, doch da er sich ausschließlich von ihr und von nichts anderem leiten ließ, wählte er oft den falschen Weg».[16] Dieser Standpunkt stimmte im wesentlichen mit Voltaires überein.

Im Jahre 1738 äußerte sich Prévost abermals über Shakespeare. In der ersten Januarhälfte widmete er zwei Nummern seiner Zeitschrift der englischen Literatur. Ein Großteil der ersten beschäftigte sich mit Shakespeare, während sich die zweite ausschließlich mit ihm befaßte. In beiden finden sich viele lobende Worte über den großen Dichter. Freilich stammen sie nicht von Prévost. «Dem Drängen einiger Verehrer des englischen Parnasses, die von dem Wunsch beseelt sind, etwas mehr über diesen berühmten Dichter zu erfahren, nachgebend»,[17] stellte Prévost Äußerungen von Nicholas Rowe (1674–1718) und Charles Gildon (1665–1724) über Shakespeare zusammen.[18] Diese Autoren halfen ihm, die Hauptwerke des englischen Dramatikers zu analysieren. Prévost gab diesmal jedoch mit sichtlichem Wohlbehagen an Gutem wieder, was er nur finden konnte. Von sich fügte er hinzu, daß er im Zusammenhang mit der Vorbereitung dieser beiden Nummern erneut die besten Stücke Shakespeares lesen mußte und er das keineswegs bedauert habe. Offensichtlich hatte die Anglomanie, wenn auch etwas temperiert, erneut von Prévost Besitz ergriffen ...

Dennoch gewann in den dreißiger Jahren Voltaire in Sachen Shakespeare die entscheidende Autorität. Voltaire reiste 1726 nach England; er lebte dort etwa drei Jahre und hatte sich «fast daran gewöhnt, englisch zu denken».[19] Über Shakespeare hatte er sich bereits in der Vorrede zur Neuausgabe seines «Ödipus» (1730) geäußert und in der Vorrede zum «Brutus» (als «Versuch über die Tragödie» betitelt), der ebenfalls 1730 veröffentlicht wurde. Doch erst nach dem Erscheinen der «Philosophischen Briefe», die ihn in ganz Europa berühmt machten, gewannen seine Ansichten für alle an Bedeutung. Zwei Briefe befassen sich speziell mit dem englischen Theater: der eine mit der Tragödie, der andere mit der Komödie. Der erste von ihnen, der berühmte Achtzehnte Brief, hat die Beurteilung Shakespeares auf dem europäischen Kontinent maßgeblich beeinflußt.

Wissenschaftler haben später, nachdem sie Voltaires Äußerungen über Shakespeare gesammelt hatten (das Problem Shakespeare ließ ihn ein Leben lang nicht los), zu klären versucht, ob seine Kenntnisse auf diesem Gebiet umfassend und exakt genug waren. Die Ergebnisse konnten nicht gerade ermutigen. Erstens stellte es sich heraus, daß Voltaire nicht nur keine einzige Komödie von Shakespeare gelesen, sondern bis 1746, als «Die lustigen Weiber von Windsor» ins Französische übersetzt wurden, nicht einmal etwas von ihrer Existenz gewußt hatte. Er bezog seine Informationen vor allem aus dem Theaterleben, und Shakespeares Komödien wurden während seines Englandaufenthaltes fast überhaupt nicht aufgeführt. Zweitens hat Voltaire von den Tragödien Shakespeares, die er erwähnt, «Othello», «Hamlet», «Julius Cäsar», «Macbeth» und «König Lear» tatsächlich gelesen oder im Theater gesehen. Erst im Alter hörte er von «Romeo und Julia»; ihm unterliefen erstaunliche Fehler, sobald er sich auf Stücke berief, die er angeblich kannte. So hat er in dem Artikel «Über den Geschmack» (1770) Falstaff zum General und in einer Anmerkung zu seinem belletristischen Traktat «Der Vierzigtalermann» (1768) ihn zum «Mylord, Chef der Gerichtsbarkeit», erhoben. Die Ursache für den letzten Fehler konnte geklärt werden: Im Verzeichnis der handelnden Personen des zweiten Teils von «Heinrich IV.» hat der Mylord, Chef der Gerichtsbarkeit, keinen Namen, und gleich nach ihm folgt in der Ausgabe, die Voltaire benutzt hat, Falstaff. So glaubte Voltaire, es handle sich hier um ein und dieselbe Person. Übrigens nahm es Voltaire auch mit den Angaben über die ihm tatsächlich bekannten Stücke nicht so genau.

Hinzu kommt, daß Voltaire von der Dramatik des Elisabethanischen Zeitalters insgesamt keine Vorstellung hatte. Der einzige Zeitgenosse Shakespeares, den er erwähnt, ist Francis Bacon. Voltaire sieht in Shakespeare den Begründer der englischen Tragödie, was nach Auffassung des französischen Philosophen wiederum gegen ihn spricht, denn die Kunst könne wie alles andere auf Erden nicht reifen in statu nascendi (eine Auffassung, die übrigens George Bernard Shaw wiederholt geteilt hat).

Voltaire kannte etwas weniger von Shakespeare als seine englischen Freunde Henry Saint John Bolingbroke (1678–1751) und Philip Dormer Stanhope Earl of Chesterfield (1694–1773), Persönlichkeiten von kontinentalem Geschmack und kontinentaler Erziehung. Bolingbroke hatte nicht nur infolge persönlicher Neigungen eine besonders enge Beziehung zu Frankreich, sondern auch durch die Art und Weise, wie sich sein Schicksal gestaltete. Er war erstmals mit neunzehn Jahren nach Frankreich gekommen, als er eine zwei Jahre dauernde große «Bildungsreise» durch Europa unternahm, war hier beinahe die ganze Zeit über geblieben und hatte Französisch so exzellent gelernt, daß er es akzentfrei sprach, was für damalige Verhältnisse Seltenheitswert unter den Engländern besaß. Später flüchtete er, als ihm 1715 nach dem Sturz der Torries die Verhaftung drohte, nach Frankreich und lebte hier bis 1725. Im Jahre 1735 kam er erneut für viele Jahre in sein selbstgewähltes Exil . . .

Auch Chesterfield, den die Franzosen bald schon als ihren Landsmann betrachteten, lernte 1714 auf einer «Bildungsreise» erstmals Frankreich kennen.

Bolingbroke und Chesterfield hatten Voltaire auch mit England vertraut gemacht. Den Empfehlungsbriefen Bolingbrokes verdankte Voltaire in erster Linie seinen schnellen Zugang zu englischen Schriftstellerkreisen, insbesondere seine Bekanntschaft mit Swift und Alexander Pope. Chesterfield, mit dem Bolingbroke Voltaire bekanntgemacht hatte, half Voltaire, «Die Henriade» mit einer Widmung für die Königin Caroline in London zu veröffentlichen. Sie blieben bis zu ihrem Lebensende mit Voltaire befreundet.

Jüngste Untersuchungen[20] haben eindeutig nachgewiesen, daß Bolingbroke, den Voltaire zeitlebens verehrte, den entscheidenden Einfluß auf die Herausbildung der historischen Ansichten des französischen Aufklärers ausübte. In welchem Maße Bolingbroke Voltaires Beziehung zu Shakespeare beeinflußt hat, läßt sich nur vermuten. Man darf jedenfalls die Hypothese von der Tatsache eines solchen Einflusses nicht außer Betracht lassen, denn Bolingbroke kehrte nach England zurück, kurz bevor Voltaire dort eintraf und war mit ihm diese drei Jahre zusammen. Es ist anzunehmen, daß Voltaire in dem Engländer einen Menschen sah, der ihn wie kein anderer verstand (denn er gehörte in einem bestimmten Maße auch der französischen Kultur an) und mit ihm das ihn so bewegende Shakespeare-Problem erörterte.

Was Chesterfield betrifft, so schreibt er im Vierzigsten Brief an seinen Sohn (vom 1. April 1748) über Shakespeare nicht einfach im Geiste Voltaires, sondern ihn fast wortwörtlich wiederholend: «Wäre Shakespeares Genie ausgebildet worden, so würden diejenigen Schönheiten, die wir mit so vielem Recht an ihm bewundern, nicht durch die Ausschweifungen und den Unsinn, der sich nur zu oft neben ihnen findet, verunziert worden sein.»[21] Bei einer so völligen Übereinstimmung der Ansichten läßt sich auch auf etwa ein und denselben Kenntnisstand schließen.

Natürlich hat Voltaire – und dies wird überhaupt nicht bestritten – weit mehr über Shakespeare gewußt als die gebildetsten Menschen diesseits des Ärmelkanals. Kaum jemand beherrschte die englische Sprache, und Übersetzungen englischer Stücke gab es praktisch nicht. J. J. Jusserand, dessen bereits erwähntes Buch «Shakespeare en France sous l'Ancien régime» weit über das eigentliche Thema hinausgeht und die englischen Einflüsse auf das vorrevolutionäre Frankreich gründlich darstellt, führt lediglich zwei Stücke an: die Übersetzung der Komödie «Die provozierte Ehefrau» von Vanbrugh, die im Jahre 1700 erfolgte, und die freie Fassung von Otways «Das gerettete Venedig» (besagtes Stück, das Prévost «Die Verschwörung in Venedig» betitelt hat). Der Autor dieser Bearbeitung, La Fosse, hat das Sujet der Tragödie von Otway verwendet. Um dem Stück klassizistische Würde zu verleihen, verlegte er die Handlung in das Alte Rom, wobei er die Ereignisse, die Namen und sogar den Titel veränderte (in «Manlius Capitolinus»)[22]. Doch obwohl die Franzosen nicht gerade umfassend über das englische Theater informiert waren, erfuhren die Länder Europas in jenen Jahren gerade durch Frankreich etwas über die Kunst ihres Nachbarn. Französisch sprachen alle gebildeten Europäer, und Voltaire war der meistgelesene französische Autor.

Deshalb hatte Voltaire, als er später einmal sagte, er habe Frankreich (und gleichzeitig ganz Europa) mit dem Namen Shakespeare bekanntgemacht, von seinem Standpunkt aus recht. Voltaires Urteil galt mehr als das Urteil jedes seiner Zeitgenossen. Etwas eigenartig wirkt, daß er im Achtzehnten Brief seinen Vorgängern vorwirft, sie hätten in ihrer Auseinandersetzung mit Shakespeare «allein dessen Fehler gezeigt». Das entspricht einfach nicht der Wahrheit. Die wenigen Erwähnungen Shakespeares, die den Franzosen vor Voltaire überhaupt zu Gesicht kommen konnten, enthielten trotz aller Vorbehalte (die gewöhnlich die Nichteinhaltung der Einheiten betrafen) viel Lob. Voltaire konnte auch kaum die im Juli erfolgte Invektive des Abbé Prévost meinen, denn sie erschien erst zwei Monate vor der Auslieferung der «Philosophischen Briefe» und legte, wie es hieß, sogar die Vermutung nahe, Voltaire habe Prévost beeinflußt. Doch sollte man Voltaire nicht des bewußten Betrugs verdächtigen. Wir haben es hier vielmehr, wie angenommen werden muß, mit einem «ehrlichen Irrtum» zu tun.

Vermutlich waren nicht die schriftlichen Quellen gemeint, sondern was gemeinhin als «mündliche Überlieferung» bezeichnet wird; denn so verhielt man sich allem Anschein nach in den Kreisen zu Shakespeare, in denen Voltaire während seines Aufenthalts in England verkehrte. Voltaires Freunde waren, wie bereits gesagt, entweder englische Aristokraten, die sich dem französischen Geschmack gebeugt, oder französische Hugenotten, die in England Asyl erhalten hatten und weiterhin den Theaterneigungen und Antipathien treu blieben, denen sie in ihrer Heimat anhingen. Des öfteren verkehrte Voltaire auch in jüdischen Familien, die mit Kleinasien Handel trieben, vor allem in der Familie d'Acosta, deren feiner Geschmack legendär war. Letzteres ist insofern wichtig, als der Ausdruck «feiner Geschmack» zu Beginn des 18. Jahrhunderts fast ein Synonym für die Zugehörigkeit zur französischen (und nicht zur englischen) Kultur bedeutete. Auch Falkener, der großzügige Gastgeber Voltaires in England, der «englische Kaufmann und spätere Botschafter in Konstantinopel», dem Voltaire mit dieser Titulierung seine Tragödie «Zaïre» widmete, war seiner Herkunft nach ein Adliger aus gutem Hause. Botschafter wurde er, wie sehr Voltaire in seiner Widmung auch das Gegenteil betonte, nicht dank, sondern trotz seiner Stellung als Kaufmann, und er teilte nicht im leisesten «den Geschmack des englischen gemeinen Volkes». So verwundert es nicht, daß kaum ein englischer Bekannter Voltaires es unterließ, sobald von Shakespeare die Rede war, dessen «Fehler» zu erwähnen.[23] Doch in Veröffentlichungen äußerte sich Voltaire über sie am häufigsten.

Auf sie kommt er in erster Linie in den «Philosophischen Briefen» zu sprechen, in denen er mit spöttischem Unterton (und dazu höchst ungenau) Ausschnitte aus «Othello», «Hamlet» und «Julius Cäsar» nacherzählt (unter Einbeziehung einiger Stellen aus dem «Geretteten Venedig» von Otway). Dabei gelangt er zu dem Schluß, daß diese und andere analoge englische Stücke überhaupt keine Tragödien seien, sondern «monströse Farcen». Shakespeare habe natürlich seine Vorzüge (Voltaire wird noch auf sie eingehen), doch sei seine Dramatik absolut indiskutabel, Ausdruck barbarischer Zeiten.

Lobende Worte findet Voltaire lediglich für eine englische Tragödie – für «Cato» (1713) von Joseph Addison (1672–1719). Das Werk dieses Autors, Staatsmanns, Dichters und Journalisten, der im Leben recht erfolgreich war, kannten die Franzosen bereits durch die Bearbeitungen von Deschamps (1715) und Dubos (1716). Voltaire gefällt es wegen seiner Eleganz, seiner mannhaften Energie, seines leidenschaftlichen Staatsbewußtseins und wegen der Neigung des Autors zur Philosophie. Nicht zuletzt entsprach es natürlich auch den Regeln der klassizistischen Ästhetik. Diese genaue Einhaltung der «Regeln» ist für Voltaire wie auch für die in jenen Jahren zahlreichen englischen Verehrer des Klassizismus sehr wichtig. Aber er beurteilt das leblose Werk Addisons weit nüchterner als seine englischen Gesinnungsgenossen. «Cato», sagt er, sei schön. Doch leider «kann man etwas so Schönes nicht als eine schöne Tragödie bezeichnen. Einzelne Szenen, zwischen denen die Bühne oft leer bleibt, zu lange und ungeschickte, überflüssige Repliken, die kalten und farblosen Liebesreden»[24] und andere Mängel dieser Art dämpfen spürbar Voltaires Begeisterung. Ähnlich beurteilt Voltaire Addisons «Cato» auch in dem Beitrag «Die Kunst des Dramas» aus dem «Philosophischen Wörterbuch». Den Erfolg, den «Cato» bei der Premiere hatte, führt er auf die Anspielungen auf politische Ereignisse jener Zeit zurück. «Die Umstände», fährt er fort, «auf die sich diese Anspielungen bezogen, gehören inzwischen jedoch der Vergangenheit an, und obwohl die Verse des ‹Cato› schön sind, die Belehrungen edel, recht und billig, wirkt das Stück als ganzes kalt, so daß wir heute nur seine Kälte spüren».[25] Wenn man den Maßstab großer Kunst anlege, besäßen die Engländer laut Voltaire kein Theater. Sie hätten zu lange Shakespeare nachgeahmt. Europa habe die Zeiten eines Shakespeare weit hinter sich gelassen, und die Engländer seien hoffnungslos zurückgeblieben.

Derlei Worte konnten auch schon im vorausgegangenen Jahrhundert gesagt worden sein, denn dies ist der Grundtenor der klassizistischen Shakespeare-Rezeption. Doch im 17. Jahrhundert sprach niemand sie aus; die besondere Ehre, in dieser Beziehung einer der ersten zu sein, fiel Voltaire zu. Das war natürlich kein Zufall. Zu der Zeit, als die Dramen Corneilles und Racines großen Erfolg hatten, war die Überlegenheit des französischen Theaters über das englische so offensichtlich, daß es einfach nicht lohnte, Zeit darauf zu verschwenden, die dramatischen Versuche der Inselbewohner, der Erbfeinde der französischen Krone, kennenzulernen. Doch das 18. Jahrhundert suchte nach neuen Wegen auf dem Gebiet der Tragödie. Jetzt war auch die Zeit gekommen, die Vorzüge der klassizistischen Ästhetik gegenüber der Ästhetik Shakespeares zu sanktionieren.

In den dreißiger bis fünfziger Jahren gelang das fast mühelos. Selbst der berühmte «Genfer Bürger» sprach von den Vorzügen des französischen Theaters, wenngleich auf seine paradoxe Art. Rousseau versucht in seiner Schrift «Patriotische Vorstellungen gegen die Einführung einer Schaubühne in Genf» («Lettre à d' Alembert sur les spectacles», 1758) die Schädlichkeit des Theaters zu beweisen und versetzt dabei aus Gründen größerer Überzeugungskraft dem französischen Theater Hiebe, «dem zweifellos vollkommensten oder auf jeden Fall vorbildlichsten von allen, die je existiert haben.»[26] Das englische Theater würdigt er mit keinem Wort, denn dessen Mängel sind ohnehin allen bewußt. Über sie hatte der Berner Bürger Muralt geschrieben, ein Mann, dessen Urteile sich durch beneidenswerten Verstand auszeichneten (Rousseau wird das mehrmals wiederholen – im «Lettre à d'Alembert», in «Die neue Heloise» und an anderen Stellen).

Klassizistisch denken vorerst auch die Italiener. Das betrifft sowohl diejenigen, die wie der Jurist und Dramatiker Giovanni Vincenzo Gravina (1664–1718) und der Historiker Ludovico Antonio Muratori (1672–1750) das französische Drama kritisieren und dazu aufrufen, von der Antike zu lernen, als auch die Anhänger der französischen Schule, wie der Dramatiker Pierre Jaques Martelli (1665–1727), dem sogar vorgehalten wurde, er sei ein schlechter Patriot. Es gehörte sich nicht, den Franzosen zu folgen. Im Gegenteil. So notierte der Autor der «Merope» (1713), Scipione Maffei (1675–1755), einen Tag nach der erfolgreichen Aufführung der einzigen bedeutenden italienischen Tragödie aus der ersten Hälfte des 18. Jahrhunderts am 13. Juli 1713: «Ich glaube, daß ich die Franzosen mit einem Schlag niedergestreckt habe»,[27] doch im Jahre 1744 wird Voltaire öffentlichen Lobs für würdig befunden, der wie er ein Anhänger historischer (und nicht mythologischer) Sujets und ein Gegner der obligatorischen Liebesintrige ist. Was zu Beginn des Jahrhunderts wie eine Herausforderung des französischen Theaters erschien, war in der Jahrhundertmitte fast zur Norm geworden. Nunmehr drängte es alle unausweichlich nach Veränderungen. Natürlich wollten dabei alle ihre französischen Rivalen «niederstrecken» – die zuerst bei ihnen in die Schule gegangen waren, wie auch diejenigen, die sich ihnen von Anfang an widersetzt hatten –, doch letzten Endes bewegten sie sich mit ihnen in der gleichen Richtung und suchten keine Verbündeten jenseits des Ärmelkanals. Sie wiesen vielmehr den Engländern ihren Platz zu. Diese Aufgabe übernahm speziell Ludovico Riccoboni (1675–1753), ein Freund Maffeis (der viel zum Erfolg des Trauerspiels «Merope» beigetragen hatte, in dem er den Polyphontes spielte). Dieser talentierte Schauspieler, Kritiker und Theatertheoretiker äußerte sich in seiner Abhandlung «Réflexions historiques et critiques sur différents théâtres de l'Europe» (1738; Historische und kritische Betrachtungen über die verschiedenen Theater von Europa) ähnlich wie Voltaire und dabei vollkommen unabhängig von ihm, obwohl seine Abhandlung erst nach den «Briefen über die Engländer» erschien. Er war eine bedeutende Persönlichkeit, genoß seit langem Ansehen in Europa und urteilte immer in eigener Sache. Er kannte England nicht vom Hörensagen, sondern arbeitete dort etwa zur gleichen Zeit wie Voltaire.

Das englische Theater stellt nach Riccoboni ein eigenartiges, doch im allgemeinen leicht lösbares Rätsel dar. Wenn man nach Shakespeare urteile, schreibt er, seien die Engländer ein hartes und unbeugsames Volk. Indessen sind sie im Leben nachgiebig, menschlich und ausnehmend freundlich. Sie neigen aber zu Melancholie, und darin liegt auch die Ursache für die auf den ersten Blick unbegreifliche Diskrepanz zwischen dem Charakter der Nation und ihrem Theater. Wenn das Theater keine starken Gefühle vermittelt, schlafen die Zuschauer einfach ein. Und deshalb «versetzen die englischen Dichter in dem Wunsch, die Phantasie des Publikums anzuregen, ihre Tragödien mit Grausamkeiten und überladen die Komödien mit Episoden».[28]

Ein treffendes Beispiel hierfür liefere die Tragödie «Hamlet», in der fünf Personen einen gewaltsamen Tod erleiden, auf der Bühne ein Grab geschaufelt wird, aus dem man Knochen und Schädel herauswirft ...

Im Hang zu Bluttaten und Morden und in der Unkenntnis der «Regeln» bestehe die ganze Misere des englischen Theaters. Natürlich könne dieser Zustand korrigiert werden. «Wenn die englischen Dichter sich von der Wahrheit und der Vernunft leiten ließen und der Zuschauer sich vervollkommnete, dann hätte das französische Theater es mit einem ernstzunehmenden Rivalen zu tun», schreibt Riccoboni. «Man kann über die englische Sprache nicht sagen, daß es ihr in irgendeiner Weise an Kraft und Schönheit zum Ausdruck jener edlen Gefühle und treffenden Gedanken gebricht, von denen ihre Tragödien erfüllt sind».[29] Wenn sich in England jedoch etwas verändern würde, dann gewiß nicht in naher Zukunft. Zwar habe Addisons «Cato» keinen geringen Erfolg gehabt, doch könne man sagen (er wolle hier einmal die Frage der Vorzüge dieses Stückes ausklammern), daß sein Beispiel keinen würdigen Nachfolger gefunden habe. Das Aufsehen, das Lillos bürgerliches Trauerspiel «George Barnwell» kürzlich erregt habe, lege die Vermutung nahe, daß überhaupt keine Hoffnung auf Veränderung bestünde ...

Alle diese Probleme beunruhigten natürlich auch Deutschland. Obwohl dieses Land einstweilen noch an der Peripherie der europäischen Theaterlandschaft lag, näherte es sich dem entscheidendsten Moment seiner Kulturgeschichte. In den nächsten Jahrzehnten mußte es sich für das England Shakespeares oder das klassizistische Frankreich engagieren, und diese Umorientierung der Kultur brachte bereits in ihren ersten Etappen vieles in Bewegung.

Zu Beginn des Jahrhunderts mußte Shakespeare bei den Deutschen eine günstige Aufnahme finden: das Fehlen der Einheiten, die berüchtigte «Grausamkeit» des englischen Theaters und ebenso die Vermischung des Tragischen mit dem Komischen konnte denjenigen, der sich an die «Haupt- und Staatsaktionen» und die Hanswurstiaden gewöhnt hatte, nicht aus dem seelischen Gleichgewicht bringen. Das belegen jedenfalls die (wenigen) Fakten, die den Theaterhistorikern zur Verfügung stehen.

Der erste Deutsche des 18. Jahrhunderts, der von seinem Aufenthalt in England spezifische Theatereindrücke mitbrachte und sie dem Papier anvertraute, war offenbar Zacharias Konrad von Uffenbach (1683–1737), ein junger Mann aus einer gebildeten Patrizierfamilie, die in Frankfurt lebte.[30] Ein passionierter Theaterbesucher war von Uffenbach natürlich nicht. In den fünf Monaten, die er vom 5. Juni bis zum 5. November 1710 in England verbrachte, sah er lediglich drei Aufführungen. Eine jedoch beeindruckte ihn so stark, daß sie ihn anregte, seine Kräfte in der englischen Sprache zu erproben. Als er die Zeilen in sein Tagebuch eintrug, die diesem Ereignis gewidmet waren («Gestern gingen wir in das Theater der Königin am Haymarket und sahen das Stück ‹Othello, Mohr von Venedig›, das der unsterbliche Shakespeare geschrieben hat. Das ist ein hervorragendes Werk, und deshalb war die Aufführung auch sehr gut besucht».[31]), schrieb er den Namen des Theaters, des Stückes und die Worte «das der unsterbliche Shakespeare geschrieben hat» auf englisch. Dergestalt erschien dieser Ausschnitt auch im Druck: von Uffenbachs Tagebücher wurden in den Jahren 1753 bis 1754 unter dem Titel «Merkwürdige Reisen durch Niedersachsen, Holland und England» herausgegeben.

Zu Beginn der dreißiger Jahre wurde Shakespeare noch sehr geschätzt, doch begegnete man ihm bereits nicht mehr wie zuvor mit ungeteilter Zustimmung, denn nunmehr geziemte es sich für einen aufgeklärten Menschen, die Einheiten und andere Theaterregeln zu kennen.

Die Deutschen (zumindest diejenigen, die französische Texte lasen) hatten die Gelegenheit, die Tagebücher eines solchen aufgeklärten Geistes, eines Landsmannes, kennenzulernen, noch ehe die «Merkwürdigen Reisen ...» von Uffenbach erschienen waren. Im Jahre 1734 kamen die Aufzeichnungen von Karl Ludwig Freiherr von Pöllnitz (1692–1775), der ein Jahr zuvor England besucht hatte, in französischer Sprache heraus. Pöllnitz war eine schillernde Persönlichkeit. Man verglich ihn sogar mit den berühmten italienischen Abenteurern vom Schlage eines Casanova. Das ist natürlich reichlich übertrieben. Er war in Verruf geraten (Friedrich II. schrieb nach dem Tode des Freiherrn an Voltaire, daß nur dessen Gläubiger ihn bedauern), doch in keinen so argen. Pöllnitz galt als kluger, unabhängiger Mensch aus «angesehenen Kreisen», und seine Äußerungen über das Theater sind interessant. Er fiel übrigens nicht so schnell der Vergessenheit anheim, denn noch Clive Newcome, der Held des Romans «The Newcomes» (1855) von W. M. Thackeray, erinnerte sich an die römischen Eindrücke des «verehrten Monsieur Pöllnitz».

Pöllnitz meint, daß Engländer und Franzosen sich gleichermaßen von Vorurteilen leiten lassen. Er hat den Eindruck, daß die Franzosen durch ihre Regeln eingeengt seien und es den Engländern an Selbstbeherrschung fehle. Beide Völker besäßen einen unterschiedlichen Geschmack; die einen hätten sich an den Gehorsam, die anderen an die Freiheit gewöhnt. Seiner Meinung nach, so folgert Pöllnitz, enthielten die Stücke der Engländer, wenngleich sich diese nicht an die Einheit von Ort und Handlung gebunden fühlten, eine Fülle treffender Gedanken.[32] Das erinnert in gewisser Beziehung an die im selben Jahr herausgegebenen «Letters Concerning the English Nation» von Voltaire, eines Autors, der Pöllnitz offenbar gefiel. Er berichtet, wie er in London mit einer Gruppe von Freunden die Übersetzung des «Brutus» von Voltaire erlebt habe und die Engländer das Stück in jeder Weise billigten, während die Franzosen aus politischen Erwägungen damit unzufrieden waren: Ihnen mißfielen die freien Gedanken, die sich Monsieur Voltaire im Ausland zu eigen gemacht hatte.

In der Folgezeit urteilten die Deutschen viel strenger über Shakespeare. Im Jahre 1730 machte mit Gottscheds (1700–1766) «Versuch einer Critischen Dichtkunst vor die Deutschen» der Klassizismus bereits seine Ansprüche geltend, der bis zum Ende der fünfziger Jahre immer mehr an Einfluß gewann. Zu Beginn der vierziger Jahre stieß Gottsched noch auf einen bestimmten Widerstand. 1741 erschien Johann Elias Schlegels (1719 bis 1749) Traktat «Vergleichung Shakespeares und Andreas Gryphs» (Gryphius), in dem er auf der Zeichnung der Charaktere besteht, wie sie Shakespeare vornimmt, und Sophokles und Shakespeare zu den bedeutendsten Dramatikern erklärt. Was den Aufbau des Dramas betraf, war Schlegel jedoch kein Anhänger Shakespeares; in seinen eigenen Werken hielt er sich an die klassizistischen Vorbilder. Doch nach und nach nahm Gottscheds Einfluß in einem Maße zu, daß bis zum Ende der fünfziger Jahre niemand gegen ihn polemisierte. Als 1753 Lessings Vetter Christlob Mylius (1722–1754) in London eine Shakespeare-Aufführung besuchte, lehnte er einfach alles ab: allein schon das Stück «Romeo und Julia», das er in der Bearbeitung von Garrick sah, dann die Art, wie man es in Covent-Garden aufführte und das Publikum, das diese Inszenierung gut aufnahm. «Diese amüsante Tragödie, die an Mängeln der Form und des Inhalts krankt (wenngleich man sie hier allen Ernstes für eine echte Tragödie hält), wurde ihren Qualitäten entsprechend aufgeführt», schrieb er. «Die meisten Schauspieler, Mr. Barry und Mrs. Rossiter inbegriffen, die hier für die besten gelten, spielten mit maßlosem Pomp ... die Kostüme waren ziemlich dürftig, und die Bühnenbilder taugten nichts ... Dieses widerwärtige Stück fand hier so viel Anklang, daß man es in den vergangenen vier Wochen vierzehnmal geben mußte.»[33] Es handelte sich hier um das erste Urteil in der Geschichte der deutschen Kritik über eine Shakespeare-Aufführung, das jemand fällte, der unmittelbar mit dem Theater zu tun hatte. Mylius übersetzte Molière und Holberg, arbeitete mit Gottsched zusammen und begründete gemeinsam mit Lessing die erste, nur kurze Zeit bestehende deutsche Zeitschrift, die sich speziell mit dem Theater befaßte – die «Beyträge zur Historie und Aufnahme des Theaters». In dieser Zeit bekannten sich in Deutschland alle zum Klassizismus, und zwar in einem weit orthodoxeren Sinne als Voltaire auch nur erwarten konnte. Die Wahl schien endgültig und unumkehrbar, und viele, die sich in dieser Periode formierten, blieben diesen ästhetischen Neigungen uneingeschränkt treu. Ein Musterbeispiel stellte in dieser Beziehung Gebhard Friedrich Wendeborn dar, Verfasser des damals hochgeschätzten vierbändigen Werkes «Der Zustand d. Staats, d. Religion, d. Gelehrsamkeit u. Kunst in Großbritannien gegen das Ende d. 18. Jahrhunderts» (1784–1788). Wendeborn lebte von 1767–1793 in England (seit 1770 war er Dekan der Lutherischen Kirche in London). Er kannte dieses Land weit besser als Prévost, Voltaire und Riccoboni, was ihn übrigens nicht veranlaßte, seine in der Jugend gewonnene Einstellung zu Shakespeare auch nur geringfügig zu ändern. Der neuesten englischen Kultur begegnete Wendeborn mit Wohlwollen. Er polemisiert gegen diejenigen, die in einem Engländer ein Wesen mit Lineal und Kompaß in der Hand sehen, das für das Schöne unempfänglich ist und weder Sinn noch Fähigkeiten für die Künste besitzt. Nach Auffassung Volkmanns, eines anderen deutschen Beobachters, bewiesen die letzten fünfzig Jahre das Gegenteil. In dieser Zeit habe sich England «über das Niveau des Mittelmaßes erhoben». Darüber hinaus « drängen die Engländer immer ungestümer nach Vollendung und überflügeln bereits andere Nationen, die ihnen einst vorhielten, sie besäßen überhaupt keinen Kunstverstand.»[34] Wie aber sollte man Shakespeare beurteilen, der immerhin mehr als fünfzig Jahre vor Wendeborn und Volkmann gelebt hatte?

Inwieweit ist Voltaire dafür verantwortlich zu machen? In diesem Falle noch weniger als in den zurückliegenden Fällen. Es ging auch nicht nur darum, daß Wendeborn in seiner Beurteilung der künstlerischen Fähigkeiten der Engländer mit keinem anderen als Voltaire stritt. (Über entsprechende Äußerungen Voltaires wird noch an anderer Stelle die Rede sein). Viel wichtiger war, daß auch Johann Christoph Gottsched, der Begründer des «Leipziger Klassizismus», seine ersten Kenntnisse über den Klassizismus nicht von Voltaire bezog und in keinerlei Hinsicht dessen unmittelbarer Schüler war. Er beschritt in der Voltairezeit den vorvoltaireschen Weg – besonders in der ersten Zeit. Von Boileau hatte er, wie er mit liebenswerter Unbefangenheit in der Vorrede zur zweiten Ausgabe seines Trauerspiels «Der sterbende Cato» (Leipzig, 1735) gestand, erstmals gehört, als er etwas über zwanzig Jahre alt war, und über Aristoteles mit etwa fünfundzwanzig Jahren. Er akzeptierte sie sofort, denn er war schon seit langem mit dem deutschen Theater unzufrieden und sah im Klassizismus einen möglichen Weg, es zu verändern. Shakespeare und der gesamten englischen Kunst gegenüber wollten weder er noch seine Adepten sich schon deshalb nicht herablassend verhalten, weil sie dadurch zu sehr an das Eigene, Unveredelte, erinnert worden wären, gegen das sie gerade ankämpfen wollten.

Im Jahre 1706 kam der künftige dänische Dramatiker Ludvig Holberg (1684–1754), der übrigens auch in der Geschichte des deutschen Theaters eine wichtige Rolle gespielt hat, nach England und ließ sich an der Universität Oxford immatrikulieren. Er war zu dieser Zeit zweiundzwanzig Jahre alt. Holberg lebte zwei Jahre in Oxford und in London, studierte die Schriften von John Locke, las Mandeville, interessierte sich jedoch trotz seiner nie nachlassenden Theaterleidenschaft überhaupt nicht für Shakespeare. Jedenfalls hat er in seinem Leben diesen Namen niemals erwähnt. Nun war Holberg Lustspieldichter, und Shakespeares Komödien wurden damals so gut wie nicht aufgeführt. Deshalb ist es durchaus möglich, daß Holberg (wie später auch Voltaire) einfach nicht die Gelegenheit hatte, sie auf der Bühne zu sehen. Doch besteht der eigentliche Grund wohl darin, daß Nordeuropa Shakespeare damals nicht brauchte. Das dänische Theater war 1722 nach französischem Vorbild gegründet und mit der Aufführung von Molières «Der Geizige» eröffnet worden. Gottsched übersetzte höchstpersönlich Holberg ins Deutsche.

Kurzum: Nicht Voltaire «zwang ganz Europa seinen Geschmack auf», wie das früher viele Wissenschaftler annahmen, sondern Europa, das den Weg des Klassizismus der Aufklärungsepoche betreten hatte, suchte in dieser Zeit nach seinem Wortführer. Es ist daher folgerichtig, daß der allgemein anerkannte Erbe der großen Tragödiendichter des vergangenen Jahrhunderts diese Aufgabe übernahm.

Er war ein Bewahrer und Nachfolger, nicht aber ein kleinlicher Pedant, der den Buchstaben der klassizistischen Gesetze verteidigte. Dieser Vorzug erhöhte seinen Einfluß in Europa, das seine Literatur transformierte, noch erheblich. Gerade diese ein für allemal bezogene Stellung als Führungsgestalt in der Welt der europäischen Kunst, die Voltaire zum Hauptankläger

Shakespeares werden ließ, half ihm, die Frage nach den Beziehungen zwischen dem englischen und französischen Theater eingehend zu untersuchen. Voltaire verteidigte die Grundlagen der klassizistischen Ästhetik und nicht irgendeine ihrer historischen Thesen. Seine eigene Ästhetik (– nicht nur die Theaterästhetik –) war flexibel genug und offen für fremde Einflüsse. André Maurois hat in seiner kleinen Studie über Voltaire treffend gesagt, daß man sich bei ihm nur dem unmittelbaren poetischen Gefühl hingeben solle, und sogleich überfluten «plötzliche Kaskaden absurder Ereignisse»[35] die Seiten seiner Erzählungen, wird die Handlung jäh vorangetrieben und nimmt wahrhaft Shakespearesche tragische Züge an. Voltaire besaß die Kühnheit zu lehren, weil er selbst ein Leben lang lernte – als wißbegieriger Mensch und als Künstler, der sich instinktiv dem Schönen öffnete. Er war hier ganz einmalig – wie niemand sonst; er war ein Herr und kein Sklave, und er konnte es sich erlauben, seinen Besitz – die Welt der Künste – unvoreingenommen zu betrachten.

Deshalb ging Voltaire auch nicht der sich unwillkürlich aufdrängenden Frage aus dem Wege, womit eigentlich die anhaltende Popularität des «rohen» und «ungebildeten» Shakespeare auf der englischen Bühne zu erklären war. Denn was immer dort einige aufgeklärte Aristokraten auch sagten, für den englischen Zuschauer und die Schauspieler gab (und gibt) es nun einmal keinen bedeutenderen Dramatiker. Woran lag das? An der Genialität Shakespeares, antwortete Voltaire.

Wenn man den den Zustand des englischen Theaters beklage, sagte Voltaire, dann dürfe man nicht Shakespeare tadeln, der in rohen Zeiten geschrieben hat, sondern vielmehr seine Landsleute, die es nicht vermocht hätten, das Niveau der zivilisierten Kunst zu erreichen. Shakespeare besaß nach Voltaire «ein an Kraft und Fruchtbarkeit, an Natürlichem und Erhabenem reiches Genie ohne den kleinsten Funken guten Geschmacks und ohne die geringste Kenntnis der Regeln. Ich will Euch etwas Gewagtes, aber Wahres sagen», verkündete Voltaire, «nämlich, daß das Verdienst dieses großen Schriftstellers das englische Theater ins Verderben gestürzt hat; in seinen monströsen Farcen, welche man Tragödien nennt, finden sich so vollendete Szenen, so große und schreckliche Auftritte, daß selbige Stücke allezeit mit großem Erfolg gespielt worden sind.»[36] Dieser Erfolg bewirkte, daß man ihn nachahmte. Demzufolge haben auch andere englische Autoren in «solchen einzelnen Stücken ... bislang geglänzt; ihre fast durchweg barbarischen Dramen, denen es an Anstand, Regelhaftigkeit, Wahrscheinlichkeit mangelt, werden inmitten

3*

dieser Finsternis von erstaunlichen Lichtern erhellt.»[37] Niemand habe nach neuen Wegen gesucht, und die englische Kunst sei zwei Jahrhunderte lang keinen Schritt vorangekommen.

Es ist leicht zu erkennen, daß Voltaire in seiner Beurteilung Shakespeares von zwei unterschiedlichen Kriterien ausging, die einander beträchtlich widersprachen.

Einerseits vertrat er die Positionen der normativen klassizistischen Ästhetik. Von diesem Standpunkt aus gesehen waren Shakespeares Tragödien «monströse Farcen».

Andererseits bezog er das Kriterium des unmittelbaren künstlerischen Eindrucks ein. Dabei erwies sich, daß Shakespeares Stücke, obwohl sie den aufgeklärten Geschmack beleidigten, stärker auf den Zuschauer wirkten als die englischen Tragödien, deren Autoren mit den «Regeln» genug vertraut waren. «Cato» schien ein Schritt auf dem richtigen Wege gewesen zu sein. Dennoch hinterließen die englischen Autoren, die in Addisons Fußtapfen traten und ihn vervollkommneten, einen schlechteren Eindruck als Shakespeare. «Nach ihm (Addison, der Übers.) sind die Theaterstücke regelhafter geworden, das Volk anspruchsvoller, die Schriftsteller korrekter und weniger kühn. Ich habe sehr kluge, aber kalte neue Stücke gesehen. Es hat den Anschein, daß die Engländer bislang nur dafür geschaffen waren, regellose Schönheiten hervorzubringen. Shakespeares brillante Ungeheuer finden tausendmal mehr Gefallen als die moderne Weisheit.»[38]

Voltaire versuchte diesen Widerspruch zwischen den Normen des Klassizismus und der eigenen Kunstauffassung so zu lösen, daß er einen Schritt in Richtung auf eine sich über Normen hinwegsetzende Ästhetik unternahm, die einen historischen Aspekt aufwies. Dabei ging es nicht nur darum, daß «einzelne Schönheiten» bei Shakespeare die Ungereimtheit des Ganzen kompensierten, sondern auch um den Ursprung der englischen Kunst, die sich nicht auf griechischem und römischem, sondern auf hebräischem Boden entwickelte. Dieser Boden erwies sich, so seltsam das auch erscheinen mochte, als erstaunlich fruchtbar. Die «einzelnen Schönheiten», die Voltaire so beeindruckten, waren nicht die Momente, in denen sich Shakespeare den klassizistischen Normen näherte, sondern gerade diejenigen, in denen er sich am weitesten von ihnen entfernte. Natürlich gereichte die Nachahmung der Bibel den Engländern nicht zum Nutzen. «Der Stil ist überaus hochtrabend, zu unnatürlich, ahmt zu sehr die hebräischen Schriftsteller nach, welche ganz und gar vom asiatischen Schwulst durchtränkt sind; indes muß man auch einräumen, daß die Stelzen des blumigen Stils, an denen sich die englische Sprache emporwindet, den Geist wohl erbauen, wenngleich in regelwidrigem Gang.»[39] Folgt nicht hieraus, daß die Engländer das Recht auf eine eigene Kunst hatten, die sich von der französischen unterschied? «Das poetische Genie der Engländer gleicht bis heute einem dicht belaubten Baum, den die Natur pflanzte und der aufs Geratewohl und unaufhaltsam wachsend zahllose Äste treibt; er verdorrt, wenn Ihr seiner Natur Gewalt antun und ihn wie einen der Bäume aus den Gärten von Marly beschneiden wollt.»[40] Gerieten dadurch nicht eigentlich die Normen in Gefahr? Mit diesen Abweichungen von der strengen klassizistischen Logik, mit diesen auf den ersten Blick theoretischen Widersinnigkeiten ebnete Voltaire für Shakespeare viel überzeugender den Weg nach Frankreich als mit der Übersetzung «einzelner Schönheiten», obwohl er auf diese Übersetzungen immer wieder zurückkam – zuerst mit Vergnügen, später mit von Jahr zu Jahr zunehmendem Verdruß.

Man könnte natürlich sagen, daß in Voltaire die Vorurteile des Klassizisten und das lebendige Bewußtsein des Künstlers miteinander im Widerstreit lagen. Doch ist diese Erklärung nicht zu einfach angesichts der krassen Alogik, von der wir uns überzeugen konnten? Verbirgt sich hinter dieser offenkundigen Alogik nicht eine ganz eigene Logik?

Ich glaube schon. Es ist eine durch das gesamte System der Ansichten Voltaires bedingte Logik.

Sehr wesentlich ist bereits die Tatsache, daß Voltaire die historischen Wurzeln für die Unterschiede zwischen der englischen und der französischen Kultur zu ergründen versuchte. Diese Fragestellung war neu (denken wir nur daran, wie vier Jahre später Ludovico Riccoboni diese Frage beantwortete), doch gesetzmäßig für einen der Begründer der Historiographie der Aufklärungsepoche, der – mit Puschkin gesprochen – «als erster einen neuen Weg beschritten und das Licht der Philosophie in die dunklen Archive der Geschichte gebracht hat.»[41]

Natürlich ist Voltaires Historismus sehr relativ. Der Glaube an den Fortschritt und das normative klassizistische Bewußtsein gerieten hier in einen offensichtlichen Konflikt. Der baldige Triumph des «Reiches der Vernunft» bedeutete für Voltaire das Ende der Geschichte im politischen Bereich. Auf dem Gebiet der Ästhetik ist für Voltaire das Ideal nicht nur entwickelt (oder genauer: endlich erkannt), sondern auch in seinen Grundzügen bereits verwirklicht worden. Nach einer treffenden Bemerkung N. J. Berkowskis «beruhte das klassizistische System auf der Idee, daß jede Ordnung und jede Form außerhalb der Geschichte existieren; nur die Unordnung hat ihre Geschichte. Für die klassizistische Weltanschauung besteht die ganze Erhabenheit und Schönheit der Ordnung darin, daß sie sich nicht wandelt.»[12] Die abfällige Beurteilung Shakespeares als eines «Wilden», der sich an keine Regeln hielt, und zugleich die Fähigkeit, historischen Zugang zu ihm zu finden, haben ein und dieselbe Quelle. Shakespeare wurde für Voltaire deshalb zum Gegenstand historischer Betrachtung, weil ihn nach Voltaires Auffassung eine Zeit hervorgebracht hatte, in der Unordnung herrschte und er diese Unordnung in sich trug. Doch selbst bei einer solchen Betrachtungsweise zeitigte Voltaires Historismus seine Früchte.

Es darf nicht behauptet werden, daß Voltaire in seinem Interresse für die Bibel als Quelle künstlerischen (wenn auch artfremden) Schaffens keine Vorgänger gehabt habe. Saint-Evremond hatte in seiner «Abhandlung über die alte und neue Tragödie» (sie wurde bereits 1672 geschrieben, aber erst 1705 postum in den Gesammelten Werken veröffentlicht) vorgeschlagen, Stoffe aus dem Alten Testament in der Tragödie zu verwenden. Es zweifelte niemand daran, daß dies auf den Einfluß zurückzuführen war, den England auf ihn ausgeübt hatte. Voltaire blieb jedoch im Prinzip, was die Exaktheit und Tiefe der Fragestellung anbetrifft, in diesem Falle ein absoluter Neuerer. Darüber hinaus wandte sich Voltaire einem Problem zu, das abermals die Literaturwissenschaft des 20. Jahrhunderts interessiert hat. Erich Auerbach hat es überzeugend in seinem Buch «Mimesis» (1946) erörtert. Er vergleicht die Szene der Heimkehr des Odysseus bei Homer und die Episode aus der Bibel, da Abraham Vorbereitungen trifft, seinen Lieblingssohn Isaak zu opfern, miteinander und schreibt: «Man kann sich schwerlich einen größeren stilistischen Gegensatz vorstellen, als zwischen diesen beiden Texten, obwohl beide alt und epischer Natur sind. Im ersten begegnen wir einem vollkommenen und anschaulichen Bild mit gleichmäßigem Licht erhellter, in Zeit und Raum determinierter, ohne Diskordanzen und Lücken miteinander verwobener Erscheinungen, die im Vordergrund existieren: Gedanken und Gefühle werden geäußert, die Ereignisse vollziehen sich in aller Ruhe – bedächtig und ohne große Anspannung. Im zweiten wird nur die Erscheinung herausgegriffen, die für das Endziel der Handlung wichtig ist, während das Übrige im Dunklen verborgen bleibt ... Auch die Menschen sind in den biblischen Geschichten ‹dunkler› als die Helden Homers; sie besitzen mehr Tiefe in der Zeit, in den Schicksalen und im Bewußtsein; obwohl sie gewöhnlich dieses oder jenes Ereignis bis zum Ende gefangenhält, geben sie sich ihm nie restlos hin, um zu vergessen, was vorher und an anderen Stellen mit ihnen war; ihre Gedanken und Gefühle sind vielschichtiger, komplizierter und verwikkelter ... Daraus resultiert auch das brennende Verlangen nach Auslegung, der Gedanke, der gierig in den dunklen Tiefen des Verborgenen nagt.»[43] Ganz im Gegensatz dazu ist das Schicksal der Helden Homers «eindeutig festgelegt, und sie erwachen jeden Morgen mit dem Gefühl, als sei heute der erste Tag ihres Lebens; ihre Gefühle sind heftig, doch einfach, und sie äußern sich unmittelbar.»[44] Wie sehr stimmt das sinngemäß mit vielem überein, was Voltaire gesagt hat![45]

Sinngemäß, versteht sich, nicht in bezug auf ... Voltaire besaß die Fähigkeit, die Shakespeareschen Tiefen zu beurteilen, dennoch bevorzugte er das Klare, exakt Aufgebaute, leicht Überschaubare. Der Grund dafür ist nicht nur darin zu suchen, daß Voltaire der lateinischen Kultur als der unmittelbaren Erbin der griechischen Kultur angehörte. Für ihn war es in diesem Falle besonders wichtig, daß sich die lateinische Kultur gegenüber der alttestamentlichen Kultur behauptete, die der christlichen zugrunde gelegt worden war. Letztere, meinte Voltaire, habe die längste Periode des Schlafs der menschlichen Vernunft bestimmt – das verhaßte, bislang nicht vollkommen besiegte Mittelalter, das immer noch Revanche zu nehmen versuche. Nach der treffenden Definition eines der namhaftesten Erforscher der Ideologie der Aufklärungsepoche, Peter Gay, «schrieben die Aufklärer immer die Geschichte der menschlichen Vernunft, ihrer Trennung vom Mythos in den Zeiten des klassischen Altertums, ihres katastrophalen Niedergangs in den Zeiten des Christentums und ihrer ruhmreichen Wiedergeburt»,[46] einer Wiedergeburt überdies nicht auf christlicher, sondern klassischer Grundlage. Natürlich waren die Aufklärer nicht die ersten, die sich ernsthaft für das klassische Altertum interessierten, doch niemand zuvor kehrte es so konsequent gegen das mythologisierte Denksystem, denn die Renaissance behielt noch beträchtliche Elemente davon bei. Der Klassizismus war für die Aufklärung nicht nur eine Waffe der künstlerischen, sondern auch der ideologischen Auseinandersetzung. Konnte Voltaire denn einen Dramatiker mit seiner Kritik verschonen, dessen Ästhetik in einem so geringen Maße Einflüsse der Antike aufwies? Mußte nicht Shakespeare in seinen Augen als ein Mensch und Künstler erscheinen, dem das Mittelalter seinen unauslöschlichen Stempel aufgedrückt hatte?

Voltaires ästhetische Position fand ihre Entsprechung auch in seinen politischen Ansichten.

In dem komplizierten Konglomerat progressiver und despotischer Züge, die den französischen Absolutismus bestimmten, waren für Voltaire im Vergleich zu Corneille und auch zu Racine gerade die despotischen besonders augenfällig. Voltaire hoffte jedoch eingedenk der historischen Verdienste des französischen Absolutismus (worüber er sich ausführlich im «Zeitalter Ludwigs XIV.» geäußert hat), ihn zu reformieren, d. h. in einen «aufgeklärten» Absolutismus zu verwandeln. Der Gedanke vom Absterben der monarchistischen Regierungsform als solcher stand ihm absolut fern. Für große Länder war die Monarchie seiner Überzeugung nach die beste Staatsform. Der Kämpfer gegen den Despotismus befürwortete die Regierungsform, die diesen Despotismus hervorbrachte. Diese Widersinnigkeiten waren so alltäglich, daß sie bereits nicht mehr als solche wahrgenommen wurden. Doch verschärfte Voltaire diesen Widerspruch noch. Die konservativste Anschauung des französischen Aufklärers (der Glaube an die Unerschütterlichkeit der monarchistischen Regierungsform für große Staaten) wurde aus seiner progressivsten Überzeugung geboren – dem Glauben an den Fortschritt. Voltaire glaubte so uneingeschränkt (und so undialektisch) an ihn, daß für ihn die Wandlung der französischen Monarchie zum Besseren – in einen aufgeklärten Absolutismus – über allen Zweifel erhaben war.

So urteilte er auch über die Literatur. Angeführt sei hier der berühmte «Streit der Alten und der Modernen», der durch Charles Perraults Poem «Das Zeitalter Ludwigs des Großen» (1687) und sein vierbändiges Werk «Vergleiche zwischen den Alten und den Modernen» (1688–1697) ausgelöst wurde. Diese Auseinandersetzung erfaßte ganz Europa und währte über mehrere Jahrzehnte. Hauptgegenstand der Debatte war die Frage, ob die antike Literatur oder die spätere, auf ihr begründete, den Vorrang erhalten sollte. In dieser Diskussion stand Voltaire entschieden auf Seiten der «Modernen»; sein Lieblingsargument dabei war, daß es in Athen nicht mehr als zehntausend Zuschauer gegeben habe, während Paris nicht weniger als dreißigtausend aufgeklärte, ständige Theaterbesucher zählen könne. Und welcher Stil repräsentierte alle Vorzüge der neuen Literatur, wenn nicht der Klassizismus?

Voltaire spürte ganz klar das historische Verdienst des Klassizismus. Gerade der Klassizismus, betonte er immer, habe eine große, vom Zufälligen gereinigte Kunst hervorgebracht, die als einzige das Recht habe, dieses große Wort für sich zu beanspruchen. Hieß das nicht, daß der Kampf für die Erneuerung der Kunst nur ein Kampf für die Vervollkommnung des Klassizismus sein konnte? Er verkörperte doch die «neue», junge Kunst, und das bedeutete, daß er fähig war, sich zu vervollkommnen. Er brauchte sich zu diesem Zweck nicht von sich selbst loszusagen, um so weniger, als die Regeln des Klassizismus nicht dessen Mangel, sondern dessen Vorzug ausmachten. Eine Kunst, die sich der Vernunft untergeordnet habe, sei gleichzeitig auch eine Kunst, die sich der Idee unterwerfe. Voltaire sah seine Aufgabe darin, die Ideen der Aufklärung zu verbreiten. Richteten sie sich gegen den Despotismus? Sollten sie ihn ruhig in der Ästhetik angreifen, denn der Despotismus der «Regeln» mußte überwunden werden. Die «Regeln» sollten dagegen unangetastet bleiben, denn sie spielten eine große veredelnde Rolle für die Kunst (und würden dies auch weiterhin tun).

Deshalb war Voltaire (besonders in der Zeit, in der er «Shakespeare für Frankreich entdeckte») geneigt, die «Regeln» eher als gewohntes und notwendiges Reglement denn als eine Art Gefechtsordnung zu betrachten. Der Kampf um die Ausgliederung des Klassizismus aus dem komplizierten Konglomerat der Stile, wie es der Barock verkörperte, war längst beendet. Der Kampf für die Erhaltung des Klassizismus, für seine Verteidigung angesichts realistischer und frühromantischer Tendenzen stand noch bevor. Und wenn das Reglement sich als einengend erwies, warum sollte man es unter diesen friedlichen Bedingungen dann nicht im Einklang mit den Errungenschaften des Geistes und den Forderungen der Zeit vervollkommnen?

Die Wandlung der Kunst in Richtung eines neuen Klassizismus, des Klassizismus der Aufklärungsepoche, verlangte allein schon diese Änderung des Stils und die Schwächung der Macht der «Regeln». Im Kampf zwischen Gefühl und Gehorsam nahm von nun an das Gefühl eine ungewöhnliche Stellung ein. Früher opponierte es gegen den Gehorsam. Jetzt begriff es sich selbst als Gehorsam – als Gehorsam des Menschen gegenüber sich selbst und damit auch gegenüber der Welt, denn das «Ich» wurde zum Grundelement der Welt. Es wehrte sich auch gegen den von außen suggerierten, der menschlichen Natur widerstrebenden und deshalb betrügerischen «Gehorsam» gegenüber dem dogmatischen Glauben und dem despotischen Staat.

Auf den ersten Blick änderte dieser Wechsel der Relationen kaum die Struktur der Tragödie – wir haben es im Grunde genommen noch immer mit dem alten klassizistischen System, allerdings in abgewandelter Form, zu tun. Doch das erscheint eben nur auf den ersten Blick so. Das Gefühl, das seine primären Rechte wiedererlangte, machte seine Ansprüche auch hinsichtlich der Struktur der Tragödie geltend. Die kalte Strenge der Vernunft behagte ihm nicht mehr. Die Tragödie stellte jetzt nicht mehr nur den Kampf des Gefühls und der Vernunft dar. Sie wurde vielmehr in ihren Elementen zu einem Schlachtfeld, auf dem der Kampf zwischen ihnen entbrannte. Ohne auf eine rationale «Anordnung» zu verzichten, tendierte sie zugleich dahin, die vielgestaltige und farbenprächtige Welt, die von den Sinnen wahrgenommen wird, in sich aufzunehmen.

Hieraus zu folgern, Voltaire habe «die Vernunft auf ihren Platz verwiesen», wäre natürlich falsch. Voltaire verteidigte vielmehr, wie es sich für einen Klassizisten gehörte, die Rechte der Vernunft. Die Grenzen der Vernunft sind bei Voltaire sehr weit abgesteckt. Die Vernunft wird nicht vom Gefühl getrennt, sie ist vielmehr oft dessen vergeistigte Form. Sie ist keineswegs mit dem gesunden Menschenverstand und dem elementar Rationalen gleichzusetzen, sondern umfassender und konkreter. In dieser Beziehung überragte Voltaire alle, denn er stützte sich auf eine neue wissenschaftliche Basis – nicht die Descartes', sondern die Newtons. Voltaire war nicht lange stolz darauf, daß er «als erster Frankreich mit Shakespeare bekanntgemacht hatte», aber immer blieb er stolz darauf, daß er sich als erster in den «Philosophischen Briefen» über die Bedeutung Newtons geäußert hatte. Er war ein überzeugter Anhänger Newtons und wie jener bereit zu wiederholen: «Ich stelle keine Hypothesen auf». Wie Newton gelangte er nicht von der Hypothese zum Faktum, das nur dazu diente, diese zu bestätigen, sondern vom Faktum zur Verallgemeinerung.[47] Die Vernunft stützte sich von nun an so fest auf die Erfahrung, daß sie fast materialisierte. Wenn Voltaire die kompliziertesten philosophischen Theorien mit ganz einfachen Beispielen aus dem Alltag veranschaulichte, wenn in seiner Tragödie eine Schicht des Lebens hervortrat, die früher unbeachtet blieb, dann wollte er damit nicht einfach nur den Zuschauer und Leser erobern. In dieser Schlichtheit und Anschaulichkeit steckte etwas vom ureigenen Wesen seines Systems.

Weshalb sollte Voltaire also Shakespeare nicht schätzen? Wer denn noch empfand die reale Welt so unmittelbar, nahm sie so umfassend wahr? Natürlich ließ Shakespeare die notwendige Klarheit vermissen, er ordnete eben nicht die Natur. Dafür kapselte er sich nicht von ihr ab. Er baute auf die Erfahrung. Eigentlich war auch er ein Anhänger Newtons!

Voltaires Einstellung zu Shakespeare war in Wirklichkeit jedoch viel komplizierter. Es gibt nämlich noch einen Aspekt der Ansichten Voltaires, der ihn zugleich sowohl von Shakespeare entfernt als auch beider Beziehungen auf eine höhere Stufe stellt.

Der Vernunft, wie sie Voltaire versteht, stand erst noch bevor, die ihr vom Philosophen zugewiesenen Besitztümer zu erobern, und der Kampf war nicht leicht, denn der Gegner – die Wirklichkeit – erwies sich als stark. Die Welt ist eben nicht so, wie sie beschaffen sein sollte. Sie ist disharmonisch. Gefühl und Vernunft sind in ihr auf tragische Weise entzweit. Voltaire sah das deutlich und folgerte daraus zweierlei.

Wenn die Vernunft nicht die reale Welt regiert, dann möge sie einstweilen eine ideale Welt regieren. Die Kunst soll der Welt Beispiele von Harmonie geben. Wie denn anders kann sie der Vernunft helfen, ihrer Bestimmung gerecht zu werden?

Die Tragödie war für Voltaire der Wirkungsbereich, in dem er diese Harmonie suchte. Er plädierte für eine «vernünftige Literatur», die zu schätzen man erst vor kurzer Zeit gelernt hatte. Er war für einen verfeinerten Geschmack, der es nicht leicht hatte, sich herauszubilden. Die ideale Tragödie ließ nach Voltaire die Disharmonie der Welt um so mehr in Erscheinung treten, als sie selbst als ästhetisches Phänomen ein Muster an Schönheit und Regelmäßigkeit der Proportionen repräsentierte. Hier stand Shakespeare als Widersacher im Wege. Er kannte nicht die Reinheit und das Ebenmaß der Formen. Er ließ die Disharmonie von sich Besitz ergreifen und ordnete sich ihr unter. In diesem Sinne war er gefährlich. Seine Tragödien ließen ein Ideal vermissen – ein ästhetisches und damit auch ein ethisches, (denn für die Aufklärer waren diese Begriffe fast identisch). Er gehörte voll und ganz der Vergangenheit an – dem verhaßten Mittelalter.

Doch zugleich konnte die Tragödie kein einsam dastehender, in ihrer Reinheit schöner Vorwurf an die disharmonische Welt sein. Der Verzicht auf die Darstellung der Disharmonie bedeute auch, sowohl auf das eigene Existenzrecht zu verzichten (denn die Harmonie kann nicht Grundlage für das Tragische sein) als auch auf eine fundamentale Lebenswahrheit, wie sie die Aufklärer verstanden: das Mißverhältnis zwischen den unverzichtbaren Rechten der Vernunft, die dazu berufen ist, die Welt zusammenzuhalten, und ihrer tatsächlichen Rolle in der heutigen Wirklichkeit. Sollte man da nicht erneut von Shakespeare lernen – von der Intensität und Anschaulichkeit in der Gestaltung des tragischen Konflikts?

In diesem Zusammenhang gewann die originäre klassizistische Kategorie des «Maßes» für Voltaire besondere Bedeutung. Die Tragödie konnte in der ganzen Fülle ihrer widersprüchlichen Eigenschaften nur am Leben erhalten werden, wenn man eine Art Ordnungsmechanismus fand. Für Voltaire wurden das die «Regeln», die etwas anders ausgelegt wurden, doch gleichzeitig für die neu verstandene klassizistische Tragödie ungewöhnliche Bedeutung erlangten. Sollten sie zuverlässig ihr Tor hüten, keine Unbefugten einlassen und auf die Reinheit der «intensiven», konzentrierten, rational «gebauten» Gattung achten. Sollten sie sie daran hindern, aus den Fugen zu geraten wie ein Roman, sollten sie sie vor der Grobheit des gewöhnlichen Volkes und der barbarischen Vermischung des Tragischen mit dem Komischen bewahren. Doch konnte man dabei nicht auf dem Boden der Natur stehen, sie von den Toren vertreiben und durch die Hintertür einlassen.

Wer aber stand der Natur so nahe wie Shakespeare? «Die Natur selbst spricht aus ihm».[48]

Es war also ganz natürlich, daß die «Regeln» Shakespeare entgegengehalten und gleichzeitig im Geiste der «englischen Freiheiten» einer Korrektur unterzogen wurden.

Das Hauptgesetz des Klassizismus, meinte Voltaire, sei auch das Hauptgesetz des Theaters. Die drei Einheiten bildeten die «Grundregeln der theatralischen Kunst.»[49] Das alexandrinische Versmaß sei die andere unerläßliche Voraussetzung für ein gutes Stück. Dies seien schwierige Aufgaben, die die Dramatiker zu lösen haben. Doch müsse man die hohen Ziele im Auge behalten. «Wir lassen nicht die geringste Abweichung zu, wir wollen, daß dem Autor fortwährend Ketten angelegt werden und er trotzdem den Eindruck erweckt, er sei frei».[50] Darauf bestand er unerschütterlich. Achtunddreißig Jahre später schrieb er an Horace Walpole: «Ihr freien Briten haltet euch weder an die Einheit des Ortes, noch an die der Zeit, noch an die Einheit der Handlung. Doch zieht ihr wahrlich keinen Gewinn daraus; man muß nämlich die Glaubwürdigkeit ins Kalkül ziehen. Die Kunst wird dabei komplizierter, aber die überwundenen Schwierigkeiten, gleich in welcher Gattung, bereiten Genuß und bringen Ruhm.»[51]

Er beneidete allerdings auch die Engländer. Nach der französischen Auffassung der Tragödie mußte man – nach Voltaire – zweierlei unterscheiden; einerseits das, was unmittelbar das Wesen der dramatischen Kunst ausmachte, und andererseits, was durch die jeweiligen Vorstellungen über die Schicklichkeit bedingt wurde. Auf letzteres konnte er leicht verzichten. Von diesen Fesseln wollte er sich gern befreien. Hier waren die Engländer im Vorteil: «Der Engländer sagt alles, was er will, der Franzose nur, was er darf; der Engländer läuft auf einer großen Pferdebahn, der Franzose wandelt dagegen auf einem schmalen und glatten Pfad.»[52] Er war bereit, von den Engländern zu lernen.

Dieser Praktizismus Voltaires diente Karl Mantzius, dem

Verfasser einer der interessantesten Geschichten des westeuropäischen Theaters, als Argument für seine Meinung, daß von einer Verwandtschaft zwischen Voltaire und Shakespeare nicht die Rede sein könne. Nach Mantzius «entdeckte der französische Autor mit seinem sicheren Blick eine Silberader in einem großen Berg, entnahm ihr etwas von diesem Metall, prägte daraus schnell eine Münze und brachte sie in Umlauf; wie groß jedoch der Berg war und welche kostbaren Lagerstätten er noch aufwies, hat er nicht begriffen.»[53] In Wirklichkeit war alles, wie bereits gesagt, viel komplizierter. Doch darf auch die sehr praktische Einstellung Voltaires zur englischen Kunst nicht in Abrede gestellt werden. Er war gewiß kein uneigennütziger Mensch, aber auch kein habgieriger. Er nahm von den Engländern nur, was die Franzosen, wie ihm schien, nicht besaßen – mehr nicht.

Voltaire gab ganz exakt die Bereiche an, in denen sie die Franzosen übertrafen und die deshalb studiert und nachgeahmt zu werden verdienten. Er ging stets von den Mängeln des französischen Theaters aus.

Erstens verlegten die Franzosen, deren «Feingefühl» übertrieben sei, häufig in eine Erzählung, was auf die Bühne gehörte. Hieraus resultiere die Handlungsarmut in französischen Stücken, die englischen fesseln dagegen durch ihre Dynamik.

Zweitens wirke eine Aufführung in Frankreich im Vergleich zu einer englischen unterkühlt. Daran habe zweifellos die Theaterpraxis schuld, da die Zuschauer auf der Bühne präsent sind.[54] Deshalb müsse man die Einheit des Ortes zu buchstäblich behandeln. Das Bühnenbild wechsele nicht, die Helden könnten nicht von einem Raum in einen anderen gehen, und am Ende leide darunter die Glaubwürdigkeit. Außerdem sei die Bühne so mit Zuschauerbänken vollgestellt, daß für das Bühnenbild sehr wenig Platz bliebe; es mache einen dürftigen Eindruck.

Drittens akzeptiere der französische Zuschauer nicht das Mysteriöse, Absonderliche und Pathetische. «Ich befürworte keineswegs», schrieb Voltaire, «daß sich die Bühne in ein Blutbad verwandelt, wie das bei Shakespeare und seinen Adepten der Fall ist, die, ohne sein Genie zu besitzen, lediglich seine Mängel übernommen haben, aber ich kann mir vorstellen, daß es Situationen gibt, die die Franzosen noch immer bloß als abstoßend und häßlich empfinden, die aber, von allem Überflüssigen befreit, kunstvoll dargeboten und, was die Hauptsache ist, durch den Charme schöner Verse gemildert, uns einen Genuß bereiten könnten, den wir nicht einmal erahnen ... Soll man mir doch wenigstens sagen, weshalb die Helden und Heldinnen unserer

Tragödien sich das Leben nehmen dürfen, es ihnen aber verboten ist, jemanden umzubringen? Fließt etwa auf der Bühne weniger Blut, wenn sich Athalie ihres Geliebten wegen erdolcht, als bei der Ermordung Cäsars vergossen werden würde? Und wenn der Anblick des toten Sohnes Cato zu einer vortrefflichen Rede veranlaßt ... warum sollten sich nicht auch die Franzosen an ähnliche Aufführungen gewöhnen?»[55]

Außerdem verstand Voltaire nicht, weshalb das französische Theater Massenszenen so beargwöhnte. Die Regel, derzufolge auf der Bühne nicht mehr als drei Personen gleichzeitig miteinander reden durften, hielt er für absurd. Ebenso unsinnig erschien ihm die unumstößliche Bedingung, daß jede Tragödie eine Liebesintrige enthalten müsse. Diese Regel verrate einen verweichlichten Geschmack.

Kurzum: Voltaire betrachtete das englische Theater als eine Art Versuchsfeld für die Dramatik. Nicht alles, was sich dort entwickelt habe, gereiche dem französischen Zuschauer zum Nutzen. Vieles müsse beträchtlich veredelt werden, ehe man es verwenden könne. Doch in kultivierter Form sei das alles für das moderne Theater lebensnotwendig.

Unter diesen Gesichtspunkten versuchte Voltaire die französische Bühne zu erneuern. Dabei ging er in der künstlerischen Praxis natürlich noch weiter als in der Theorie. Er war sehr praktisch orientiert; wenn er fremdes Hab und Gut taxierte, hatte er ein Auge darauf, was er sich davon aneignen konnte. Er verzichtete auch nicht auf direkte Entlehnungen. Sie lassen sich leicht in fünf seiner Stücke nachweisen, die er im Laufe von etwa zwanzig Jahren nach seiner Rückkehr aus England geschrieben hat. Zuweilen gab Voltaire den unmittelbaren Einfluß zu, den der große Engländer auf ihn ausgeübt hatte. Öfter verschwieg er ihn jedoch. In einigen Fällen nahm er sogar, um seine Anleihen bei Shakespeare zu vertuschen, zu etwas Zuflucht, was einem Plagiat ähnelte. Doch kam die Wahrheit, wie unschwer zu verstehen ist, mühelos ans Tageslicht, zumal die Zahl der Menschen von Jahr zu Jahr zunahm, die sich ein eigenes Urteil über den englischen Dramatiker bildeten. War Shakespeares Einfluß auf Voltaire (oder, wie Voltaires Gegner gern sagten, seine «Anleihen» bei dem großen Rivalen) bereits für die Menschen des 18. Jahrhunderts kein Geheimnis mehr, so fällt er in unserer Zeit noch deutlicher auf. Doch interessieren uns heute weniger die entlehnten Stoffe und Textstellen, wie signifikant sie mitunter auch waren, als vielmehr die ästhetischen Neuerungen, zu denen Shakespeare ihn veranlaßt hat oder von deren Notwendigkeit sich zu überzeugen er ihm jedenfalls behilflich war.

Aus seiner Tragödie «Der Tod Cäsars» (1735), die er unter dem Einfluß des «Julius Cäsar» von Shakespeare geschrieben hatte, verbannte er die Liebe, die obligatorisches Attribut eines Dramas war. Erstmals hatte er das bereits in seinem «Ödipus» (1718) versucht, sich jedoch nicht gegen die Schauspieler durchsetzen können. Nunmehr fühlte er sich stark genug, diesen Schritt zu wagen. In dieser Tragödie trägt man die blutüberströmte Leiche Caesars auf die Bühne – mit anderen Worten: es geschah genau das, worum Voltaire Addison so beneidete.

Sieben Jahre später schrieb Voltaire erneut eine «Tragödie ohne Liebe» – «Mérope». Ihr triumphaler Erfolg am 20. Februar 1743 sanktionierte diesen Sujettyp, der einmal als undenkbar erschienen war. Der Tod ist hier – wie bei Addison – sehr anschaulich dargestellt. Die vorletzte Szene der Tragödie wird mit folgender Anweisung eingeleitet: «In der Tiefe der Bühne ist der Leichnam des Polyphontes zu sehen, der mit einem blutbefleckten Gewand bedeckt ist.»

«Zaïre» (1732), eine Tragödie, die sich sehr eng an den «Othello» anlehnt, bedeutete bereits einen Anschlag auf eine der Einheiten, nicht die wichtigste, sondern eine zusätzliche, die Einheit des nationalen Charakters der Tragödie. Diese Einheit wurde in den Rang einer «variablen Regel der Schicklichkeit» befördert und verschmäht.

«Mohammed» (1741) verstieß gleich gegen mehrere Konventionen der klassizistischen Bühne. In diesem Stück ereignete sich ein Mord auf der Bühne, der die Verfechter der Reinheit des Klassizismus erschrecken ließ, obwohl alle äußeren Formen gewahrt wurden: Seïd versetzte Zopire am Altar einen Schlag, und einen Augenblick später trat jener im blutbefleckten Gewand vor das Publikum, um seine letzten Worte zu sprechen und zu sterben. In dieser Tragödie spielte eine Massenszene eine bedeutende Rolle, die für den französischen Klassizismus eigentlich inakzeptabel war. Außerdem war der ganze Rhythmus dieser Tragödie ungewöhnlich beschleunigt. «Im ‹Mohammed›», schrieb der Literaturwissenschaftler K. N. Dershawin, «spürt man die für Voltaires Dramatik bereits eingebürgerten und typisch gewordenen Methoden des Vorantreibens der Handlung, der Zuspitzung der Situationen, der Vorliebe für jähe und überraschende, wirkungsvolle Konflikte und Bühneneffekte. Der ganze letzte Akt der Tragödie – die Menge der empörten Einwohner Mekkas, die in die Gemächer des Propheten eindringen, Seïd, der den Dolch gegen ihn erhebt und in Krämpfen vor ihm niedersinkt, Palmira, die sich diesen Dolch in die Brust stößt – ist ein glänzendes Beispiel für jene malerische Anschaulichkeit der tragischen Handlung, über die Voltaire sich später wiederholt geäußert hat ... Diese malerische Anschaulichkeit war unter den Bedingungen des strengen Dogmas der klassischen Poetik undenkbar.»[56]

Die «Anschaulichkeit» der Tragödien wurde noch dadurch erhöht, daß Voltaire exotische Elemente in seine Stücke aufnahm. Er war stolz darauf, daß er in seinem «Brutus» (1730) den in rote Togen gekleideten römischen Senat auf die Bühne brachte. In «Semiramis» erschienen babylonische Krieger, Magier, Sklaven und Lakaien auf der Bühne. In «Die Waise in China» (1755) faszinierten Le Kain und Clairon die Zuschauer mit ihren Kostümen, die in der Art «chinesischer» Gobelins und Schirmwände von Boucher und Le Prince gearbeitet waren. Was Corneille und Racine nur von Fall zu Fall praktizierten, erhob Voltaire nach und nach zum System. Er zog es vor, die Handlung seiner Stücke nicht in den engen Grenzen der antiken Geschichte und Mythologie, sondern in fernen Gegenden mit ungewohnter Lebensweise spielen zu lassen. Nach Gustave Lanson (der übrigens diese Neuerungen Voltaires absolut nicht akzeptierte) «hielt er es für eine ungewöhnlich gelungene Methode, die Handlung aus dem griechisch-römischen Mythenkreis herauszuführen, sie nach Asien, Afrika und Amerika zu verlegen und erneut nach Frankreich zurückzuführen, in die Atmosphäre des feudalen und christlichen Mittelalters. In seinen Stücken erleben wir alle Zeiten und alle Jahrhunderte; wir begegnen in ihnen sogar Gespenstern.»[57]

Die Tragödie «Tancrède» (1760), die ein Jahr nach der Reform Lauraguais' (der Befreiung der Bühne von den Zuschauern) aufgeführt wurde, zog in gewissem Sinne Bilanz aus den Neuerungen des Dramas und der Bühne. Die Handlung spielte diesmal im 15. Jahrhundert auf Sizilien, das sich als Kampfplatz zwischen «Sarazenen» und Rittern aus der Normandie präsentierte (die Romantiker fanden später so großen Gefallen an derartigen Sujets, daß sie dafür sogar den Terminus «Stücke über Troubadours» erfanden); in der Tragödie gab es keine hochrangigen handelnden Personen, die Versform war verändert (es wurden Wechselreime eingeführt), die Einheit des Ortes wurde nicht eingehalten. «Tancrède» war ein Musterbeispiel für Bühnenwirksamkeit und Farbenreichtum. Nach K. N. Dershawin bedeuteten diese Wandlungen für die Mitte des 18. Jahrhunderts «eine so entscheidende Neuerung wie später die Reformen des ‹Théâtre Libre› von André Antoine.»[58]

Diese Wendung in Richtung auf das «romantische Drama» hatte sich durch Prozesse angekündigt, die sich in der französischen Tragödie der ersten Jahrzehnte des 18. Jahrhunderts vollzogen, vor allem im Schaffen des Prosper Jolyot de Crébillon (1674–1762). Voltaire entlehnte anfänglich selbst einiges bei Crébillon, und sein «Ödipus», der lange vor seiner erstmaligen Berührung mit Shakespeare entstand, kann in gewisser Beziehung als eine «Tragödie der Schrecken» oder besser als eine «Deklamationstragödie der Schrecken» bezeichnet werden.

Unter dem Einfluß des englischen Dramas vergegenständlichte sich das Mysteriöse und «Schreckliche», wurde es Bestandteil der Bühnenhandlung. Einen Versuch dieser Art hatte Voltaire bereits in der Tragödie «Eryphile» (1732) unternommen, in der auf der französischen Bühne erstmals ein Gespenst erschien. Doch blieb «Eryphile» der Erfolg versagt. Im Jahre 1748 entschied sich Voltaire abermals, in «Semiramis» ein Gespenst auf die Bühne zu bringen. Offenbar hatte er dabei eine Reihe von Bedenken, die nicht unbegründet waren. Zur Premiere hatte er alle Parkettplätze für seine Anhänger aufgekauft, aber es blieben noch die Logen und vor allem die Plätze auf der Bühne frei. Und gerade diese Zuschauer bereiteten ihm Verdruß. Die Aufführung war aufsehenerregend, die Bühne dicht besetzt, und als des Ninos Schatten erschien, begann das Publikum zur gegenseitigen Erheiterung zu rufen: «Macht dem Gespenst den Weg frei!» Das Gespenst verlor natürlich die Aura des Geheimnisvollen, wenn der am nächsten sitzende Zuschauer es mühelos mit der Hand berühren und sich von seiner vollkommenen Leibhaftigkeit überzeugen konnte.

Das Auftauchen eines Gespenstes in dieser Tragödie löste in Paris heftige Diskussionen aus. Man sagte, der Dichter habe nicht das Recht, Geister auf die Bühne zu bringen, da man nicht mehr an sie glaube. Voltaire antwortete in der Vorrede zu «Semiramis» («Traktat über die alte und die neue Tragödie», 1748), daß das Trauerspiel fähig sei, seine Ziele mit Hilfe rein ästhetischer Effekte zu verwirklichen. Außerdem, fügte er hinzu, trage das Erscheinen des Gespenstes des Ninos in seiner Tragödie dazu bei, das Gerechtigkeitsgefühl der Zuschauer zu befriedigen. Der Streit um «Semiramis» überschritt Frankreichs Grenzen. Im Jahre 1767 meldete sich Lessing zu Wort. Er lehnte Voltaires Argumente ab, doch teilte er im wesentlichten dessen Ansicht über die ästhetische Natur dieser Art von Schauspielen. «Aber in diesem Verstande keine Gespenster glauben, kann und darf den dramatischen Dichter im geringsten nicht abhalten, Gebrauch davon zu machen. Der Same, sie zu glauben, liegt in uns allen, und in denen am häufigsten, für die er vornehmlich dichtet. Es kömmt nur auf seine Kunst an, diesen Samen zum Keimen zu bringen, nur auf gewisse Handgriffe, den Gründen für ihre Wirklichkeit in der Geschwindigkeit den Schwung zu geben. Hat er diese in seiner Gewalt, so mögen wir in gemeinem Leben glauben, was wir wollen; im Theater müssen wir glauben; was er will.»[59]

Lessing lehnte jedoch die Szene entschieden ab, in der Voltaire den Geist erscheinen ließ.

In «Semiramis» griff Voltaire zu Methoden, die bereits in Richtung Oper tendierten und auf die er vermutlich nicht ohne Einfluß von Philippe Quinault[60] gekommen ist, dessen Libretti den mythologischen Opern von Lully zugrunde lagen. Doch war wohl «Hamlet» ausschlaggebend dafür, daß Voltaire Gespenster in seine Tragödien einbezog; der Eindruck, den er auf der Londoner Bühne beim Erscheinen des Geistes von Hamlets Vater erhielt, war offenbar sehr stark und dauerhaft. Doch entsprach die Episode in «Semiramis» in ästhetischer Beziehung keineswegs der Shakespeareschen, und Lessing hat das als erster bemerkt. «Shakespeares Gespenst kömmt wirklich aus jener Welt; so dünkt uns. Denn es kömmt zu der feierlichen Stunde, in der schaudernden Stille der Nacht, in der vollen Begleitung aller der düstern, geheimnisvollen Nebenbegriffe, wenn und mit welchen wir, von der Amme an, Gespenster zu erwarten und zu denken gewohnt sind. Aber Voltairens Geist ist auch nicht einmal zum Popanze gut, Kinder damit zu schrecken; es ist der bloße verkleidete Komödiant, der nichts hat, nichts sagt, nichts tut, was es wahrscheinlich machen könnte, er wäre das, wofür er sich ausgibt; alle Umstände vielmehr, unter welchen er erscheinet, stören den Betrug, und verraten das Geschöpf eines kalten Dichters, der uns gern täuschen und schrecken möchte, ohne daß er weiß, wie er es anfangen soll.»[61]

Diese Worte Lessings gerieten nie in Vergessenheit. Voltaire «interpretiert Shakespeare wie ein Opernlibrettist»,[62] fügte Lanson hundert Jahre später, den Ausführungen Lessings folgend, hinzu.

Das 20. Jahrhundert hat das Urteil über Voltaires Gespenst ebenfalls nicht revidiert.

Einen interessanten Vergleich der Gespensterszenen bei Shakespeare und Voltaire hat der amerikanische Shakespeareforscher Thomas R. Lounsbury angestellt. Nachdem er aufgezeigt hatte, was für einfache und überzeugende Mittel Shakespeare einsetzte, beschrieb er in der Nachfolge Lessings nicht ohne Humor den pompösen, ungehobelten und polternden Geist aus «Semiramis». «Kein einziges Gespenst, das auch nur eine leise Ahnung von den Verhaltensregeln hat, die für das

Jenseits gelten, wird in dem Gewühl einer lärmenden Menge erscheinen. Und schon gar nicht darf man von ihm erwarten, daß es, alle Bedingungen des Jenseits ignorierend, bei Tageslicht auftaucht. Doch all das tut der Geist bei Voltaire bedenkenlos. Für sein Erscheinen wählt er den hellichten Tag und einen Ort voller Gäste, die zu einer Hochzeit geladen sind. Mit seinen weiteren Handlungen setzt er sich über alles hinweg, was charakteristisch ist für Gespenster ... Er macht zuviel Lärm. Das Stöhnen, das aus dem Grabe des erschlagenen Königs dringt, muß schon von vornherein allen Anwesenden signalisieren, daß bald etwas Übernatürliches geschehen wird. Wenn der Geist zu erscheinen beschließt, kündigt er seine Absicht mit Donnergrollen an. Die Grabstätte erbebt, die Pforte öffnet sich. Der Geist des Ninos schreitet würdevoll mitten auf den Hof, auf dem sich viele Menschen drängen, und trägt dort seine Worte vor. Mehr hat er nicht zu tun, aber er löst sich nicht in Wohlgefallen auf. Langsam und majestätisch kehrt er zum Grabmal zurück. Verschwindet darin. Die Pforte schließt sich. Und das alles spielt sich vor den Augen der Menschenmenge ab. Nein, kein einziges Gespenst, das etwas auf sich hält, würde sich so aufführen.»[63] In einer Beziehung haben Voltaires Kritiker allerdings unrecht: Nicht Voltaires Geist des Ninos, sondern Shakespeares Geist Banquo hat als erster die für das Jenseits geltenden Verhaltensregeln verletzt – denn ist er nicht auch in einem vollen Raum während eines lärmenden Festgelages erschienen? Aber Banquo gab sich niemandem zu erkennen. Außer Macbeth bemerkte ihn keiner der Anwesenden. Doch mit den Augen Macbeth' sah ihn der Zuschauer ganz deutlich. Anders verhielt es sich dagegen mit Ninos – ob er nicht zu sehr darauf aus war, alle zu beeindrucken? ... Und trotzdem hielt der Erfolg dieser auch in anderer Hinsicht keineswegs stärksten Tragödie Voltaires über das ganze 18. Jahrhundert an, besonders nach 1759, als die Bühne von den Zuschauern befreit worden war. Die Regieeffekte der «Semiramis» waren offenbar der notwendige Ausgleich für den Mangel an visuellen Eindrücken, für die «Kälte» der französischen Bühne, über die Voltaire in der Phase seiner ersten Begeisterung für Shakespeare klagte.

In jener Tragödie wandte sich Voltaire entschieden gegen den Brauch, die Einheit des Ortes als Einheit des Raums auszulegen, mit anderen Worten: die gesamte Tragödie unter Verwendung eines – und dazu noch sehr dürftigen – Bühnenbildes aufzuführen. In «Semiramis» gab es vier Bühnenbilder, von denen einige sehr kompliziert waren. Im ersten Aufzug sah der Zuschauer einen langen Säulengang, in dessen Tiefe sich der Palast der Semiramis mit den hängenden Gärten befand, rechts und links standen der Tempel und das mit einem Obelisken geschmückte Mausoleum. Danach wurde der Zuschauer in einen Raum des Palastes, in den großen Thronsaal und in den Hof des Tempels versetzt.

Wie unschwer zu erkennen ist, verwirklichte Voltaire den im Achtzehnten Brief entworfenen Plan. Seine Stücke enthielten weit mehr Handlung und visuelle Eindrücke, mehr Schreckliches und Pathetisches als die Stücke seiner Vorgänger. Er sanktionierte die Berechtigung von Massenszenen und neigte dazu, einen Mord auf der Bühne zuzulassen. Mitunter möchte man glauben, daß nicht Hugo, sondern Voltaire die berühmten Worte geäußert hat, wonach die Bühne bisher nur die «Ellenbogen der Handlung» gezeigt habe, jedoch deren Arme zeigen müsse. Tatsächlich hat die Theaterpraxis im 20. Jahrhundert bei aller Verhaltenheit Voltaire gegenüber erwiesen, daß sich einige seiner Tragödien, insbesondere «Mohammed», hervorragend für eine Aufführung in romantischer Manier eignen.

Es besteht kein Grund zu der Annahme, daß die Tragödie des Klassizismus der Aufklärungsepoche in ihrer Hinwendung zu Shakespeare lediglich die eine Aufgabe verfolgte, ein umfassenderes Bild von der Welt zu geben, um die Zuschauer zu begeistern und sich ihnen zu nähern. Der Weg zu Shakespeare war darüber hinaus auch ein Weg zur Schaffung des Staatsbewußtseins. Wenn Voltaire für eine «Tragödie ohne Liebe» kämpft, wofür ihm Shakespeare «Julius Cäsar» als Vorbild dient, dann kämpft er für eine politische Tragödie. Wenn er in «Zaïre» die «vierte Einheit» verletzt, dann tut er das vor allem darum, um Menschlichkeit und Fanatismus noch heftiger kollidieren zu lassen. Und wenn Voltaire in seinen «Mohammed» eine Massenszene einführt – Einwohner Mekkas, die bereit sind, Mohammed bald in Stücke zu reißen, bald ihn zu lobpreisen – dann schafft er nicht nur ein farbenprächtiges und wirkungsvolles Schauspiel, sondern verfolgt auch «philosophisch-publizistische» Ziele.

Die klassizistische Tragödie des 17. Jahrhunderts interpretierte die äußere Welt über das menschliche Bewußtsein; diese blieb faktisch außerhalb der Bühne. Voltaire strebte danach, die Kollision des Helden mit der Welt nachvollziehbar zu machen. Und so wurde diese Welt erneut vergegenständlicht, gelangte sie erneut in ihrer konkreten Gestalt auf die Bühne. Voltaires Helden bevorzugten es, gegen sichtbare Gegner zu kämpfen.

Shakespeare war ihnen dabei behilflich – ein Dramatiker,

der alles über den Menschen und die Welt wußte, der gleichsam jeden Gegenstand zu betasten, dessen Form zu fühlen und seinen Geschmack und Geruch wahrzunehmen vermochte. Shakespeares Einfluß auf Voltaire kann deshalb nie durch eine noch so ausführliche Aufzählung der einzelnen Entlehnungen erschöpfend dargestellt werden. Er ist tiefer und umfassender.

Dennoch legte Voltaire nur einen Teil des Weges zurück, den in der Folgezeit das europäische Drama beschritt. Wie bereits gesagt, war sein Verhältnis zu Shakespeare zwiespältig. Anfangs fesselte ihn Shakespeare und stieß ihn gleichzeitig ab. Später begann er ihm Furcht einzuflößen. Dieses Unbehagen verschärfte den Konflikt merklich.

Voltaire konnte mit Fug und Recht sagen, daß er ein Leben lang seinem Urteil über Shakespeare treu geblieben sei. Stets kritisierte er an ihm die Unkenntnis der «Regeln», die Vermischung der Gattungen und die «Roheit», schätzte jedoch sein ungewöhnliches Talent. Trotzdem blieb seine Beziehung zu Shakespeare durchaus nicht konstant. Es lassen sich Beispiele dafür anführen, daß Voltaire sogar in den achtziger Jahren – der Zufall wollte es so – den Lesern gegenüber zuweilen als Anwalt Shakespeares auftrat. So beginnt die erste russische Ausgabe der Tragödie «Richard III.» («Leben und Tod Richards III., Königs von England, Tragödie von Herrn Shakespeare, der im 16. Jahrhundert gelebt hat und im Jahre 1576 gestorben ist. Aus dem Französischen übersetzt in Nishni-Nowgorod 1783, gedruckt mit Genehmigung der Polizeiverwaltung in St.-Petersburg 1787») mit einem «Exzerpt aus Voltaires Ansichten über Homer, in dem dieser auch über die Vorzüge Shakespeares, des Verfassers vorliegender Tragödie, urteilt.»[64] Das ist nur ein Beispiel von vielen, wie sich einst geäußerte Gedanken einer bedeutenden Persönlichkeit später gegen sie richten. Voltaire war zu dieser Zeit bereits als verbissener Gegner Shakespeares bekannt und hatte diesen Ruf vollkommen zu Recht verdient.

Die Meinung über Voltaire als einen originellen Propagandisten der englischen Kultur geriet vor allem in England ins Wanken. Den Anlaß dafür bildeten zwei Vorreden zu Stücken von ihm.

Die erste schrieb Voltaire zu seiner Tragödie «Mérope» (1743), die ihm einen Riesenerfolg brachte (bei der Premiere wurde Voltaire auf die Bühne gerufen, was ein Ereignis ohne Beispiel in der Geschichte des Welttheaters bedeutete); er wandte sich darin an Scipione Maffei, dessen «Merope» Voltaire in dieser Zeit zu übersetzen begann; doch gab er dieses Vorhaben bald auf und schrieb eine eigene Tragödie.

In der «Brief an Herrn Marquis Scipione Maffei» betitelten Vorrede entwickelte Voltaire seine alte Idee von der Möglichkeit einer Tragödie ohne Liebe. Zugleich besann er sich auf George Geoffreys (1678–1755) «Mérope», die 1731 in London durchgefallen war. Auf diesen Anlaß verweisend, bemerkte er, daß die Engländer seit der Restauration ohne Einschränkung die Liebesintrige in ihre Stücke einbeziehen, obwohl es «keine zweite Nation auf Erden gibt, die diese Leidenschaft so schlecht darstellt.»[65]

Dieses Stück, schrieb Voltaire, bedeute nicht einfach den zufälligen Mißerfolg eines einzelnen Autors. Es zeuge vielmehr davon, daß das «englische Theater noch nicht veredelt sei». «Offenbar entbehren die Engländer aus dem gleichen Grunde, aus dem sie kein Talent für Malerei und Musik haben, auch des Genies für die Tragödie», schrieb er. «Diese Insel, die der Welt so bedeutende Philosophen geschenkt hat, bleibt in den schönen Künsten zurück, und wenn die Engländer die Ratschläge ihrer vortrefflichen Landsleute Addison und Pope nicht fleißig befolgen, dann werden sie sich in puncto Geschmack und Literatur nicht mit anderen Völkern messen können.»[66]

Die zweite Vorrede erschien vier Jahre später – im Jahre 1748. Sie wurde zu «Semiramis» geschrieben. Im dritten Teil der umfangreichen Abhandlung «Traktat über die alte und die neue Tragödie» rechtfertigt Voltaire das Erscheinen des Schattens von Ninos in seinem Stück und verweist dabei auf «Hamlet». Er gab jedoch zu bedenken, daß die Schönheiten im «Hamlet» «inmitten entsetzlicher Geschmacklosigkeiten aufleuchten». Insgesamt äußerte sich Voltaire in einem Maße ablehnend über diese Tragödie, daß Nichtkenner dieses Stücks die Berührung mit ihm gefürchtet hätten. «Das ist ein grobes und barbarisches Stück, das selbst der niederste Pöbel Frankreichs und Italiens nicht hinnehmen würde», schrieb Voltaire. «Hamlet verliert im zweiten Akt den Verstand und seine Geliebte im dritten, der Prinz bringt den Vater seiner Geliebten um, wobei er so tut, als wolle er eine Ratte töten, und die Heldin geht ins Wasser. Auf der Bühne hebt man für sie ein Grab aus, und die Totengräber reißen Witze, die ihrer würdig sind, wobei sie einen Totenschädel in den Händen halten, und Prinz Hamlet erwidert ihre abstoßenden Grobheiten mit nicht weniger abstoßenden verrückten Reden. Unterdessen erobert eine der handelnden Personen Polen. Hamlet, dessen Mutter und dessen Stiefvater trinken gemeinsam auf der Bühne; in der Tragödie singt man am Tisch, streitet und schlägt sich und bringt einander um. Man könnte annehmen, es handele sich bei diesem

Werk um das Phantasiegebilde eines betrunkenen Wilden.» Das Stück ist ein Musterbeispiel «grober Verhöhnung der Kunstregeln, die bis heute das englische Theater derart unsinnig und barbarisch erscheinen läßt.»[67]

Diese beiden Vorreden, besonders die erste, wurden in England beinahe als Beleidigung der ganzen Nation empfunden. George Geoffrey empörte sich natürlich. 1754 nahm er «Mérope» in seine gesammelten Werke auf und bezichtigte Voltaire in der Vorrede des Plagiats. Auch weniger Betroffene wandten sich gegen Voltaire. Im Jahre 1747 gab der junge Schauspieler und Dramatiker Samuel Foote (1720–1777) eine Schrift über die römische und englische Komödie heraus, in der er, obwohl das in keiner direkten Beziehung zum Thema stand, Voltaire angriff. Foote galt nicht gerade als ein Mensch, der seine Gefühle beherrschen konnte, doch in diesem Falle übertraf er sich. Er erklärte, daß er einfach nicht die Kraft besäße, seine Entrüstung und seine Verachtung gegenüber diesem Frechling Voltaire auszudrücken, der zuerst Shakespeare als Dramatiker in Frage stelle und dann in seinem nächsten Stück beinahe alle wichtigen Szenen von ihm abschriebe. Er schlug dem Leser vor, Shakespeares «Macbeth» und Voltaires «Mohammed» miteinander zu vergleichen und sich davon zu überzeugen, daß Voltaire ein gewissenloser Plagiator sei. Auch der Dramatiker und Kritiker Aaron Hill (1685–1750), der stolz auf seine Bearbeitung der «Zaïre» war, meldete sich zu Wort (Hill hatte das Stück, das er «Sarah» nannte, im Jahre 1733 beendet und es im Jahre 1736 aufgeführt) und übersetzte Voltaire weiterhin (präziser: bearbeitete, denn eine Übersetzung im heutigen Sinne gab es im 18. Jahrhundert für das Theater so gut wie nicht). Im Jahre 1745 erklärte er, daß der einstige Freund Englands nunmehr so tief gesunken sei, daß er nicht einmal Verachtung verdiene. Den Anlaß für seine Angriffe auf Voltaire bildete dessen Poem Fontenoy, das dem Sieg der Franzosen über die Engländer gewidmet war. Um so eindeutiger war das Echo, das seine Worte in der Öffentlichkeit fanden. Hill konnte sich aus eigener Erfahrung davon überzeugen, welchen Erfolg er als Entlarver hatte. In den nächsten vier Jahren gelang es ihm nicht, für die gerade beendete Übersetzung der «Mérope» ein Theater zu interessieren. Die ehedem in Frankreich begeistert aufgenommene Tragödie wurde in England erst 1749 aufgeführt und neunmal vor einem halbleeren Saal gespielt. Selbst ein Propagandist der französischen Kultur in England und Panegyriker Voltaires wie William Gatry (1708–1770), ein damals bekannter Kriktiker und Historiker, erwiderte auf Voltaires Invektiven in seinem

«Versuch über die Tragödie» (1747), die Franzosen hätten das Genie durch ihre «Regeln» ersetzt. Die Zeiten begannen sich zu ändern. Die Achtung gegenüber der eigenen Dramatik nahm zu, die Begeisterung für den Klassizismus verebbte. Die vierziger Jahre waren in England eine Zeit, in der sich der Realismus der Aufklärungsepoche in der Literatur und im Theater schnell durchsetzte. Im Jahre 1740 erschien Richardsons «Pamela oder Die belohnte Tugend». Im Jahre 1748 beendete Richardson seinen großen Roman «Die Geschichte der Clarissa, eines vornehmen Frauenzimmers», der bald den ganzen Kontinent eroberte. 1742 kam Fieldings Buch «Joseph Andrews Abenteuer» heraus und 1749 ein weiterer bedeutender Roman – «Tom Jones». Im Jahre 1741 bot der hervorragende Charakterdarsteller Charles Macklin (1699?–1797) dem Londoner Publikum seinen ergreifend echten Shylock. Das Erstaunen war umso größer, als niemand bis zu diesem Zeitpunkt – entsprechend dem alten Kunstverständnis – das Talent eines Tragöden in ihm vermutete. Im selben Jahr spielte zu Beginn der folgenden Saison der große David Garrick (1717–1779), der seinen genialen Landsmann gleichsam für ganz Europa wiederentdeckte, die Rolle Richards III.

Folgerechtes Ergebnis dieser sich bereits seit längerer Zeit ankündigenden Änderung des Geschmacks war die Neuausgabe der Werke Shakespeares, die der bedeutendste englische Kritiker und Lexikograph jener Zeit, Samuel Johnson (1709–1784), im Jahre 1765 edierte.

In seiner berühmten, in der Folgezeit noch mehrmals erschienenen Vorrede zollte Johnson den Vorurteilen des Jahrhunderts einen gewissen Tribut. Er hielt darin Shakespeare vor, er fälle über seine Helden kein Urteil und ziehe keine genaue Trennlinie zwischen Gut und Böse (wofür er übrigens – wie Voltaire – das «barbarische Jahrhundert» verantwortlich machte, das Shakespeare geprägt habe); mißbilligend äußerte er sich über die bäurisch ungehobelte Sprache, in der bei Shakespeare zuweilen höchsten Kreisen angehörige Personen reden, und über das Fehlen einer klaren Komposition. Johnson erhob auch einige andere kritische Einwände, die gerechtfertigter waren. Doch grundsätzlich war sein Standpunkt dem Voltaires diametral entgegengesetzt. Johnson griff auch Voltaire direkt an. «Shakespeares Treue gegenüber der Natur machte ihn zur Zielscheibe von Angriffen der Kritiker, deren Weltsicht sehr eng war», schrieb er. «Dennis und Rymer sind der Auffassung, seine Römer glichen zu wenig Römern, und Voltaire hat an seinen Königen auszusetzen, sie seien nicht würdevoll genug . . .

Doch steht bei Shakespeare die Natur immer über dem Zufall; er will menschliche Charaktere zeichnen, er kümmert sich nicht weiter um Entlehntes und Belangloses. Das Sujet kann ihm Römer und Könige abverlangen, aber er denkt nur an die Menschen.»[68] In dieser Vorrede äußerte sich Johnson sehr verächtlich über die «Einheiten» und verteidigte die Tragikomödie. Von allen Einheiten, erklärte Johnson, sei nur die Einheit der Handlung gerechtfertigt, dieser aber habe Shakespeare in höchstem Maße entsprochen. Deshalb seien alle Vorwürfe gegen ihn als Dramatiker von Übel. Wohlgemerkt: Dies alles hat Johnson, ein Mann von altem Kunstverständnis, geschrieben! Wie entschiedener war dagegen erst die Jugend!

Im Erscheinungsjahr der Vorrede Johnsons kam auch die zweite Ausgabe des Romans «Die Burg von Otranto» von Horace Walpole heraus. (Die erste Auflage lag Ende 1764 vor). In seiner Vorrede lobte der Verfasser ausgerechnet die Szenen von Shakespeare, die die Kritiker bisher wegen der Vermischung des Tragischen mit dem Komischen einhellig ablehnten. «Ich möchte mir eine Frage erlauben: Hätten nicht seine Tragödien über Hamlet und Julius Cäsar beträchtlich an Lebendigkeit verloren, wären sie nicht um viele erstaunliche Schönheiten gebracht worden, wenn der Humor der Totengräber, die Possen des Polonius und die derben Späße der römischen Bürger aus ihnen entfernt oder in gewählten Ausdrücken wiedergegeben worden wären? Erscheinen etwa die Redegewandtheit des Antonius und die äußerlich noch hochsinnigere Rede des Brutus, die geschickt Offenheit vorgibt, nicht noch erhabener dank der meisterhaften Methode des Autors, die es ihm gestattete, in den Erwiderungen ihrer Zuhörer der schlichten menschlichen Natur den Weg zu bahnen? Diese Züge erinnern mich an den Einfall jenes griechischen Bildhauers, der, von dem Wunsche beseelt, eine Vorstellung von der wahren Größe des Koloss von Rhodos zu geben, einen Knaben darstellte, der so groß war wie der Daumen des eigentlichen Standbildes.»[69]

Walpole war sich darüber im klaren, mit wem er in erster Linie den Kampf aufnahm. Es war Voltaire, «ein Genie, wenn auch nicht vom Range eines Shakespeare», wie ihn Walpole charakterisierte. Er verkündete seine Taktik offen und im voraus: «Ich berufe mich nicht auf umstrittene Autoritäten, sondern vergleiche nur Voltaire mit Voltaire.»[70] Er tat dies jedoch keineswegs mit der Ehrerbietung, die dieses Vorwort versprach. Walpole machte sich über Voltaires «Argument» lustig, die große Zahl der Theaterbesucher in Paris gäbe ihm recht. Er spottete über die Kunst der Tragödie, die «sich in Ketten emporschwingt» (ob es da nicht besser sei, fragte er, das einfach mit dem Terminus «Hokuspokus» zu bezeichnen?). Er wies ihm mangelhafte Kenntnis der englischen Geschichte nach und schlußfolgerte dann kurzerhand, daß die «Urteilskraft» dieses Kritikers mit den Jahren nachgelassen habe, denn früher habe er Shakespeare besser verstanden.

Den entscheidenden Schlag versetzte Walpole seinem Gegner jedoch in der Frage nach der Reinheit der Gattung. In der Vorrede zu seiner Komödie «Der verlorene Sohn» verteidigte Voltaire sein Recht auf die Vermischung des Ernsten mit dem Heiteren, des Komischen mit dem Ergreifenden, und begründete es damit, daß oft ein und dieselbe Begebenheit im Leben solche Gegensätze hervorbringe. «Wir folgern daraus nicht, daß in jeder Komödie heitere und ergreifende Szenen vorhanden sein müssen», schrieb Voltaire. «Es gibt viele gute Stücke, in denen die Heiterkeit dominiert, andere, die vorwiegend ernst sind, Stücke, die eine Mischung aus beidem darstellen, und es gibt schließlich solche, die zu Tränen rühren; man darf deshalb keine einzige Gattung verwerfen; und wenn man mich fragte, welche die beste sei, antwortete ich: diejenige, in der es gelungen ist, das bestmögliche Stück zu schreiben.»[71] «Wenn die Komödie toute sérieuse sein kann, dann darf sich die Tragödie mitunter ein Lächeln erlauben», bemerkte Walpole hierüber. «Wer hat das Recht, es zu verbieten? Ist ein Kritiker, der zu seiner Selbstverteidigung erklärt, daß keine einzige Gattung der Komödie verworfen werden darf, berechtigt, Shakespeare Regeln vorzuschreiben?»[72]

War das lediglich eine polemische Äußerung? Keineswegs, denn gegen Voltaire wurde auch schon früher polemisiert. Walpole deckte vielmehr die inneren Widersprüche in Voltaires Ansichten auf und nutzte sie (und damit in gewissem Maße auch Voltaire) zur Bestätigung seiner eigenen Ästhetik. Als einer der Begründer der Frühromantik erwies sich Walpole auch als entschiedener Verfechter neuer Vorstellungen über Shakespeare.

Die Zeit des großen französischen Vorbilds für England war vorbei. Vertreter dieser Auffassung konnte man jetzt an den Fingern einer Hand abzählen, zumal Voltaire gerade in diesen Jahren Shakespeare, das englische Theater und die englische Kunst insgesamt besonders heftig angriff. Voltaire wiederholte sich in seinen Ausführungen ständig. Er vermischte bereits früher Lob und Tadel, wenn er sich über die englische Kunst äußerte. Doch hatte er es, wie unschwer erkennbar, unter anderen Bedingungen und in ganz anderen Proportionen getan . . .

Auch in Frankreich hatten sich die Zeiten gewandelt. Mit einer gewissen Verspätung erfolgte dort ebenfalls ein allmählicher Umschwung auf die Seite des Realismus der Aufklärungsepoche. Der englische Einfluß spielte dabei keineswegs eine untergeordnete Rolle. Im Jahre 1742 übersetzte Abbé Prévost Richardsons Roman «Pamela oder Die belohnte Tugend», der in Frankreich außergewöhnlichen Erfolg. hatte. 1743 schrieb Louis de Boissy (1694–1758) die Parodie «Eine französische Pamela oder Die leidgeprüfte Tugend» (die beim Publikum übrigens durchfiel). Im selben Jahr erschien die «Pamela» von Pierre Claude Nivelle La Chaussée. 1749 schrieb Voltaire das Stück «Nanine oder Das überwundene Vorurteil», das eine – wenn auch sehr freie – Nachahmung von Richardsons «Pamela» darstellte. 1748 wurde die Tragödie «George Barnwell oder der Kaufmann von London» ins Französische übersetzt. Es handelte sich hierbei genau um den «George Barnwell», der Ludovico Riccoboni zehn Jahre zuvor als das überzeugendste Beispiel für die hoffnungslose Lage diente, in der sich das englische Theater befand. Diderot, Grimm und Rousseau begrüßten die Übersetzung. Rousseau nannte den «Barnwell» ein großartiges Stück. 1750 erschien – bereits ein Jahr nach der englischen Ausgabe – die Übersetzung des «Tom Jones», 1751 die Übersetzung der «Clarissa» («Die Geschichte der Clarissa, eines vornehmen Frauenzimmers»). «Es ist bisher in keiner Sprache ein Roman geschrieben worden, der es mit ‹Clarissa› aufnehmen kann oder ihm nahekommt»,[73] sagte Rousseau. Dieser Roman veranlaßte Diderot, seine «Lobrede auf Richardson» (Eloge de Richardson) zu verfassen, in der er sich begeistert über den psychologischen Blick dieses Schriftstellers und die Beobachtungsgabe äußerte, mit der er verborgene Motive menschlicher Handlungen aufdeckte. Der englische Einfluß veränderte allmählich auch den französischen Roman. «Jetzt lesen alle die großen und fesselnden englischen Romane, die Romane des Abbé Prévost oder des vortrefflichen Rétif de la Bretonne»,[74] schrieb Louis-Sébastien Mercier (1740–1814) später und stellte diese Schriftsteller in eine Reihe mit den bereits anerkannten Klassikern Richardson und Fielding.

Der englische Roman hätte jedoch in Frankreich niemals Wurzeln schlagen und Früchte tragen können, wenn nicht die französische Kunst selbst in dieser Periode realistische Züge anzunehmen begonnen hätte. Zu den Persönlichkeiten, die von Richardson begeistert waren und in ihm einen Gesinnungsgenossen sahen, zählten nicht nur Mercier und Rétif de la Bretonne, sondern auch die Großen – Diderot und Rousseau.

Letzterer gewann von Jahr zu Jahr immer mehr an Einfluß, darunter indirekt auch auf die Geschichte jener Kunstgattung, die Rousseau seit einiger Zeit ganz abzuschaffen vorschlug – des Theaters. In den fünfziger und sechziger Jahren festigte der Rousseauismus seine Positionen unter zwei Gesichtspunkten: Er wurde zur in sich geschlossenen und philosophisch determinierten Verkörperung des in der Kunst des 18. Jahrhunderts seit langem verborgenen Naturstrebens, und er deklarierte sein politisches Programm. Beide Aspekte hatten für das gesellschaftliche Bewußtsein gleiche Bedeutung. Im ersten Fall ging es um die Bestimmung der Natur, die «nach eigenem Gesetz» existiert und sich äußerer Reglementierung entzieht, im zweiten um die Gesellschaft, die sich selbst organisiert. Es ist daher verständlich, daß es lediglich ein kleiner Schritt war bis zur Anerkennung Shakespeares, des «genialen Naturtalents».

Voraussetzung für die produktive Aneignung des großen Dramatikers war, daß man dieses Begriffssystem auf das Theater übertrug. Doch gerade diesen Schritt zu wagen, fiel in Frankreich außerordentlich schwer. Die klassizistische Doktrin behauptete sich noch immer in der Theorie und Praxis des Theaters und wurde nur schrittweise aus ihrer Monopolstellung verdrängt.

Die Begeisterung für die englische Literatur war gefährlich. Seit dem Ende der fünfziger Jahre des 18. Jahrhunderts verliefen alle Diskussionen über die Tragödie angesichts des bürgerlichen Dramas, dessen Stellung sich weiter festigte. Die Übersetzung des «Kaufmanns von London», des anerkannten Stammvaters dieser Gattung, gab den Anstoß für die Entwicklung dieses Genres in Frankreich.

Anfangs zeigte sich, daß das französische Theater diese Dramatik nicht akzeptierte. Als Diderot – englischen Vorbildern folgend – im Jahre 1757 sein Drama «Der natürliche Sohn» beendet hatte, verstanden alle (der Autor inbegriffen), daß die dramatischen Seiten dieses Werkes viele Mängel aufwiesen. Diderot hatte jedoch seinem Schauspiel einen hervorragenden theoretischen Traktat, die «Unterredungen über den ‹Natürlichen Sohn›», beigefügt. Er begründete darin mit ungewöhnlicher Überzeugungskraft das Existenzrecht einer Dramatik, die sich von der klassizistischen deutlich unterschied. Diderot schlug vor, die Stoffe dem Alltag zu entnehmen und sie in einer Weise darzustellen, die dem Alltag gerecht wird. Die langen Monologe sollten möglichst durch Pantomime ersetzt werden. Die Regel von den drei Einheiten monierte Diderot nicht, doch machte er sie weit «geschmeidiger» als Voltaire es tat. «Ich denke folgendermaßen über die Konventionen des Theaters», schrieb er, «wer den poetischen Sinn des Gesetztes von den Einheiten und auch die Beweggründe für dieses Gesetz nicht kennt, der kann weder zu gegebener Zeit darauf verzichten, noch es anwenden, wenn es erforderlich ist. Er wird sich ihm gegenüber entweder zu ehrerbietig oder zu geringschätzig verhalten. Das sind konträre, doch gleichermaßen gefährliche Versuchungen. Die eine negiert die Beobachtungen und Erfahrungen der vergangenen Jahrhunderte und führt die Kunst in ihr Kindesalter zurück, die andere hält sie in dem Zustand, in dem sie sich augenblicklich befindet, und hindert sie daran, sich weiterzuentwickeln.»[75] Diderot bezeichnete sein Genre als «mittleres» und plazierte es zwischen Tragödie und Komödie (heute sprechen wir in solchen Fällen einfach von einem «Stück»), doch gleichzeitig warnte er davor, daß dieses neugeborene Kind der Dramatik, sobald es zu Kräften gekommen sei, von der Tragödie wie auch von der Komödie Besitz ergreifen könnte.

Das Kind gedieh von Tag zu Tag. 1758 erschien ein neues Stück von Diderot – «Der Hausvater», das in dramaturgischer Hinsicht einen Fortschritt bedeutete und dem Autor Erfolg einbrachte. Es wurde im November 1760 in Marseille aufgeführt, drei Monate später bereits in der Pariser Comédie-Française. Als im Dezember 1769 nach der Vorstellung des «Hausvaters» (der zu dieser Zeit wiederaufgeführt wurde) ein Schauspieler die Bühne betrat und für den nächsten Tag ein anderes Schauspiel ankündigte, rief das Publikum wie aus einem Mund: «Wir wollen den ‹Hausvater›!»

Am 2. Dezember des Jahres 1765 gelangte in der Comédie-Française das Drama «Der Philosoph ohne es zu wissen» von Michel Sedaine (1719–1797) zur Aufführung, das beim Publikum Begeisterung auslöste. Schon in der ersten Spielzeit war es vierundzwanzigmal zu sehen – eine für damalige Verhältnisse ungewöhnliche Zahl – und hielt sich im Repertoire. Diderot äußerte sich sehr anerkennend über Sedaines Erfolg. Folgendes berichtet er in seinem «Paradox über den Schauspieler» (1773) über diese denkwürdigen Tage: «Sedaine gibt seinen ‹Philosophen ohne es zu wissen›. Ich interessiere mich mehr für den Erfolg des Stückes als er. Konkurrenzneid ist ein Fehler, den ich nicht kenne. Ich habe ohnedies genug andere: Ich rufe alle meine literarischen Kollegen als Zeugen auf, ob ich, wenn sie mir die Ehre gaben, mich bei ihren Arbeiten um Rat zu fragen, nicht immer alles getan habe, was in meiner Macht stand, um würdig auf diese außerordentlichen Zeichen ihrer Achtung zu antworten! – Der ‹Philosoph ohne es zu wissen› wackelt in der ersten, in der zweiten Vorstellung – und ich bin sehr traurig darüber –, in der dritten wird es ein Riesenerfolg. Ich bin außer mir vor Freude. Am nächsten Morgen werfe ich mich in eine Droschke und suche Sedaine – es war Winter und fürchterlich kalt – ich fahre überall herum, wo ich hoffen kann, ihn zu finden. Ich höre, daß er irgendwo im Faubourg St. Antoine ist und lasse mich hinfahren. Ich gehe auf ihn zu, werfe meine Arme um seinen Hals, die Stimme versagt mir, und Tränen rinnen über mein Gesicht. Das ist der mittelmäßige Gefühlsmensch. Sedaine blickt mich unbeweglich und kalt an und sagt: ‹Ach, Herr Diderot, sind Sie aber schön!› Das ist der Beobachter und geniale Mensch.»[76]

Das war in der Tat ein großes Ereignis – der erste durchschlagende Erfolge eines Werkes der «mittleren Gattung». Er änderte entscheidend die ästhetische Situation im Theater. Die Kritik an den Konventionen des Klassizismus, die Voltaire als Theoretiker und auch als Praktiker mit solchem Erfolg begonnen hatte, drohte dessen Substanz zu berühren; auf jeden Fall bedeutete sie die Negation der Ausschließlichkeit, die dieses System für sich beanspruchte. Diese Kritik wurde nunmehr von einer neuen Generation geleistet, die sowohl den Standpunkt einer weit konsequenteren Theorie vertrat als auch vom Gesichtspunkt einer weit radikaleren Praxis aus urteilte.

Der Weg dieses Dramas zum Publikum war voller Dornen. Mal kam es an, man fiel es durch, als wären damit alle früheren Erfolge ausgelöscht. Als beispielsweise die Comédie-Française, durch den Erfolg des «Hausvaters» ermutigt, am 26. September 1771 den «Natürlichen Sohn» aufführte, fiel das Stück mit Pauken und Trompeten durch, so daß man annehmen mußte, die neue Gattung sei am Ende. Trotzdem konsolidierte sie sich von Jahrzehnt zu Jahrzehnt. Michel Sedaine folgten Louis-Sébastien Mercier mit seinen Stücken «Der Deserteur» (1770), «Der Dürftige» (1772), «Der Richter» (1774), «Der Schubkarren des Essigkrämers» (1775) und anderen und Beaumarchais, der Autor der «Eugénie» (1767), die seiner berühmten Trilogie über Figaro vorausgegangen war.

Was für eine ernstzunehmende Rivalin die klassizistische Tragödie in der Gestalt des neuen Dramas gefunden hatte, belegt die «Anekdote über den Schauspieler Le Kain», die die Anfang des 19. Jahrhunderts erschienene russische Zeitschrift «Theaterbote» druckte. Als die Comédie-Française «Béverlei» (eine Bearbeitung des «Spielers» von Edward Moore, dem Nachfolger George Lillos) aufführen wollte, weigerte sich Le Kain, in diesem Stück mitzuwirken und riet auch seinen Freunden davon ab.

Man fragte ihn, ob ihm die Rolle mißfiele. Er antwortete, daß dies nicht der Fall sei, sie gefiele ihm durchaus. Ob das Stück denn schlecht sei? Nein, das Stück sei gut. Wird es vielleicht beim Publikum nicht ankommen? Nein, es wird ankommen, und das ist auch der Grund, weshalb man es nicht aufführen sollte, denn «‹sobald die jungen Autoren sehen, daß das Drama gefallen hat, wollen sie es nachahmen. Sie wissen doch, daß man, um eine echte Tragödie verfassen zu können, über umfassende Kenntnisse verfügen, ein geborener Dichter sein muß, keine Mühen und keine Zeit scheuen darf; doch für diese Art von theatralischen Mißgeburten genügt es, einen trefflichen Stoff zu finden oder irgendeinen Roman erfolgreich in Szene zu setzen. Weshalb sich auch eine Unmenge von Schriftstellern ohne Wissen, ohne Mühen und ohne große Begabung findet, die, Dutzende bürgerlicher Trauerspiele verfassend, Erfolg und Gewinn erzielen werden. Das Publikum liebt die Abwechslung: es kennt Phädra, Iphigénie, den Cid, Andromache auswendig und gibt sie deshalb gern preis, um einen Spieler, der sein Geld durchgebracht hat, und andere neugeborene bürgerliche Helden zu sehen. Aber dann werden wir die Autoren verlieren, die, wenn sie sich die notwendigen Kenntnisse aneignen, in der Nachfolge Racines und Corneilles unseren Ruhm mehren könnten, und mit ihnen verlieren wir auch die Zuschauer, die die großen Schönheiten unserer Tragödien empfinden. Glauben Sie mir, wir werden ‹Béverlei› nicht spielen und unser Theater vor der Ansteckung bewahren . . .›

‹Béverlei› wurde jedoch aufgeführt und hatte außergewöhnlichen Erfolg. Ihm folgten ‹Eugénie›, ‹Der Hausvater›, ‹Der Schubkarren des Essigkrämers›, ‹Arme Teufel›, ‹Die Bettler›, ‹Die wahnsinnigen Liebhaber›, ‹Die illegitimen Kinder›, ‹Die frevelhaften Mütter›, ‹Die Frauen zweier Männer›, ‹Die Männer dreier Frauen› und andere Abscheulichkeiten, mit denen sich die heutigen französischen Autoren hervortun und mit den Deutschen darin wetteifern, den guten Geschmack und die Moral zu untergraben.»[77]

Wie sollte sich nun Voltaire mit dieser Theatersituation abfinden? Seine Reaktion war ziemlich zwiespältig. Nachdem er von Diderot ein Exemplar des «Hausvaters» erhalten hatte, dankte er ihm in seinem Brief vom 16. November 1758 und lobte ihn für alles Ergreifende, Tugendhafte und allgemein dem neuen Geschmack Entsprechende, das dieses Stück enthielte. Doch knapp anderthalb Monate später, am 27. Dezember 1758, schrieb er an Marie de Vichy-Chamrond, Marquise Du Deffand, etwas ganz anderes: «Hat man Ihnen den ‹Hausvater› vorgelesen?», fragte er und fuhr fort: «Ist das nicht komisch (bien comique)? Unser Jahrhundert ist doch erbärmlich, verglichen mit dem Jahrhundert Ludwigs XIV.; wir haben Tausende Schwätzer, aber kein einziges Genie. Es gibt weder Eleganz, noch Lebendigkeit; in allen Gattungen mangelt es an Talenten.»[78]

Trotzdem gewann die gute Meinung über Diderots Stück in ihm bald die Oberhand. Am 23. September 1760 schrieb er an Nicolas-Claude Thieriot, man sollte den «Hausvater» in andere Sprachen übersetzen. Am 19. November bat er ihn, Diderots Meinung über seine Tragödie «Tancréde» zu erkunden und brachte seine Begeisterung darüber zum Ausdruck, daß «dieses Genie», dem alle Tätigkeitsbereiche zugänglich seien, sich mit dem Theater befaßt habe. Als er erfuhr, daß Diderot seine neue Tragödie sehr schätzte, schrieb er am 21. Januar 1761 wiederum an Thieriot anläßlich der bevorstehenden Premiere des «Hausvater» in der Comédie-Française (sie fand am 18. Februar 1761 statt): «Mein lieber Bruder Diderot! Von ganzem Herzen überlasse ich Ihnen meinen Platz und setze Ihnen den Lorbeerkranz auf.»[79]

Dennoch ließ Voltaires Begeisterung für den «Hausvater» mit der Zeit nach, besonders, als Diderot seine Nacheiferer gefunden hatte und die Stücke der «mittleren Gattung» die Bühne zu erobern begannen. Nunmehr sah er eine echte Gefahr auf sich zukommen, und deshalb äußerte Voltaire seine Meinung über sie mit großem Nachdruck. In einem Brief an den russischen Dramatiker des Klassizismus A. P. Sumarokow (1717–1777), elf Jahre nach seinem Brief an Du Deffand geschrieben, urteilte er über das bürgerliche Drama in dem gleichen Ton wie sein russischer Briefpartner, der zu dieser Zeit einen Kampf auf Leben und Tod gegen den «Kaufmann von London», den «Natürlichen Sohn» und den «Hausvater» führte, die in russischen Übersetzungen erschienen waren. Sumarokow erahnte gleichsam den grandiosen Erfolg, der sehr bald – 1770, drei Jahre nach der Pariser Premiere – Beaumarchais' «Eugénie» zuteil werden sollte. Er schrieb an Voltaire in erster Linie über Diderot, weil er hoffte, daß eine entsprechende Antwort des Gesetzgebers des europäischen Geschmacks das Vordringen von Stücken dieser Art auf die russische Bühne aufhalten würde. Voltaires Antwort befriedigte Alexander Petrowitsch Sumarokow voll und ganz. Er nahm den Brief (im Original) in seine Ausgabe des «Falschen Demetrius» (1771) auf und berief sich in seiner Nachrede auf ihn, um seiner Meinung über diese «kläglichen Komödien niedriger Art» Nachdruck zu verleihen. Jetzt konnte er schon über den Triumph des «abscheulichen Geschmacks» auch auf russischen Bühnen sprechen, denn «Eugénie» wurde bereits in einem Moskauer Theater gespielt ...

Voltaires Antwort konnte Sumarokow in der Tat befriedigen. «Seit Régnard ... sind bei uns nur Mißgeburten erschienen», schrieb er. «Autoren, die nicht einmal einen guten Witz zustande bringen, verfassen jetzt Komödien allein in der Absicht, Geld zu verdienen. Sie besaßen nicht genug Geist, um Tragödien zu verfassen, und nicht genug Esprit, um Komödien zu schreiben; sie haben es nicht einmal vermocht, einem Lakaien passende Repliken in den Mund zu legen, und jetzt haben sie tragische Peripetien mit bürgerlichen Namen kombiniert. Man sagt, diese Stücke seien nicht uninteressant und ziemlich anregend, wenn man sie gut spielt; das mag schon zutreffen, aber ich habe sie lesen können; doch habe ich gehört, daß sie mit Hilfe der Schauspieler auf der Bühne etwas besser aussehen.

Diese barbarischen Stücke sind weder Tragödien, noch Komödien. Wenn einem keine Pferde zur Verfügung stehen, ist man froh, wenn man sich auf Maultieren fortbewegen kann.»[80]

Das schrieb Voltaire an Sumarokow, den die Gefahr beunruhigte, daß das bürgerliche Drama auch die russische Bühne erobern könnte, aus dem Land, in dem es von Jahr zu Jahr immer mehr von sich reden machte.[81] Konnte die Shakespearesche Vermischung des Tragischen mit dem Komischen nun noch den Geschmack der Zuschauer verletzen?

Man mußte auf der Hut sein. Ein erstes Warnzeichen war die Publikation des achtbändigen Werkes «Das englische Theater», das 1745 begonnen und 1749 abgeschlossen wurde. Pierre Antoine Laplace (1707–1793) hatte diese Ausgabe veranstaltet. Die ersten vier Bände waren ausnahmslos Shakespeare gewidmet. Sie enthielten «Othello», den dritten Teil «Heinrichs VI.», «Richard III.», «Hamlet», «Macbeth», «Cymbeline», «Julius Cäsar», «Timon von Athen» (in Thomas Shadwells Bearbeitung) und «Die lustigen Weiber von Windsor» – die erste und für lange Zeit einzige Komödie von Shakespeare, die die Franzosen kennenlernten. Von einer durchgängigen Übertragung konnte kaum die Rede sein. «Richard III.» war zwar vollständig übersetzt, doch bildete er eine glückliche Ausnahme. In den übrigen Stücken waren einzelne Szenen übersetzt, andere nacherzählt worden. Die Übersetzungen präsentierten sich teils in Versform, teils in Prosa. Stellen, die das Feingefühl der französischen Leser verletzen konnten, wurden ausgelassen. Dennoch vermittelte die Laplace-Ausgabe eine bestimmte, für damalige Zeiten recht ausführliche Vorstellung von Shakespeare, zumal sie auch eine kurze Nacherzählung der restlichen sechsundzwanzig Stücke von Shakespeare enthielt. Die letzten vier Bände der Anthologie von Laplace brachten Werke von Otway, Ben Jonson, Fletcher, Dryden, Congreve, Addison und Steele.

In der Vorrede zu seiner Ausgabe wiederholte Laplace brav alle gewohnten Vorwürfe gegen das englische Theater. Er tadelte es wegen seiner groben Charaktere, seiner Geschmacklosigkeit und der Morde auf offener Bühne. Er machte auf Stellen aufmerksam, die den abstoßen mußten, der über den feinen französischen Geschmack verfügte. Kurzum: Er zollte der traditionellen Meinung über Shakespeare Tribut. Aber er wagte es auch, die Urteile eines angesehenen Engländers mitzuteilen – und in diesem Falle gab sich Laplace offenbar mehr als Belletrist zu erkennen, der das Recht hat, Charaktere zu erfinden, denn als gewissenhafter Kritiker –, der mit aller Aufrichtigkeit und Offenheit, die so sehr für diese Nation einnahm, seine Meinung über das französische Theater äußerte. «Die Regeln verdienen zweifellos unseren Respekt», erklärte er. «Eins ist jedoch bedauerlich: Statt die Freude an einer Aufführung zu erhöhen, verringern sie diese. Ich erwarte, daß das Theater mich erschüttert, erhebt, mein Mitgefühl weckt und mich menschlicher macht. Wenn ein Stück ganz streng nach den ‹Regeln› aufgebaut ist, langweilt es mich . . .» Laplace war der Meinung, daß die Engländer Shakespeares Vorzüge zwar übertrieben, diese jedoch tatsächlich existierten . . .

Laplace' Sammelwerk brachte Voltaire um seine einstige Stellung. Von nun an war er nicht mehr der einzige Shakespearekenner in Frankreich. Jetzt erhielt das französische Publikum, das bis dahin nur über einige Ausschnitte in Voltaires unvollkommener Übertragung verfügte (er besorgte in verschiedenen Fällen eine «verbesserte Übertragung» des Hamlet-Monologs, der Ansprache des Brutus und der Rede des Antonius am Leichnam Cäsars), die Möglichkeit, den englischen Dramatiker selbständig und weit ausführlicher kennenzulernen. Die Vorrede widersprach nicht grundsätzlich dem, was Voltaire dreizehn Jahre zuvor geäußert hatte. Doch war die Position von Laplace bei aller Behutsamkeit bedeutend radikaler!

«Das englische Theater» von Laplace mußte Voltaire einfach auf den Plan rufen. Diejenigen, die Voltaire nahestanden, griffen Laplace vehement an. Besonders empörte sich der Dramatiker, Kritiker und Dichter Jean-François Laharpe (1739–1803), der, obwohl er die englische Sprache nicht beherrschte, Laplace falsche Übersetzungen vorwarf und ihn nach dessen Tod zu verleumden versuchte.[82] Voltaire selbst verlor kein Wort über Laplace. Seitdem verhielt er sich zu den Stellen der Bühnenhandlung geradezu übervorsichtig, die zu «shakespearehaft» zu geraten drohten. In der Bühnenanweisung zu einer Szene der Tragödie «Semiramis» heißt es, daß Ninyas, der Seriramis in einem Verlies umgebracht hat, mit blutigem Schwert in der Hand erscheint und «befleckt ist vom Blut des Vatermörders». Doch stammt diese Bühnenanweisung aus dem Jahre 1748. Acht Jahre später sah er es anders. Als Voltaire erfahren hatte, daß Le Kain in dieser Rolle mit blutbefleckten Händen auf die Bühne gekommen war, mißbilligte er dies in seinem Brief vom 4. August 1756 an seinen Freund, den Ratgeber des Pariser Parlaments, Charles-Augustin de Ferriol, Comte d'Argental (1700–1788). Er hatte den Eindruck, daß sich Le Kain «zu englisch» gab. Noch entschiedener kritisierte er im Jahre 1760 die Clairon, die in der Tragödie «Tancrède» die Rolle der zum Tode verurteilten Amenaide spielte. Als ihn die Schauspielerin darum bat, auf der Bühne ein Schafott zu errichten, auf dem sie, von Henkern umgeben, erscheinen würde, antwortete ihr Voltaire, dies zu tun, hieße «die einzigartige Kunst zu entehren, für die die Franzosen berühmt sind, und den guten Geschmack der Barbarei zu opfern.»[83]

Natürlich konnte Voltaire, so sehr er es auch wollte, Laplace nicht ignorieren. Wenn sich das Publikum (nach einer treffenden Bemerkung Jusserands) zuvor in diejenigen gliederte, die von Shakespeare begeistert waren, und in diejenigen, die ihn ablehnten, dann schied es sich nunmehr in die, die ihn kannten, und in die, die ihn nicht kannten.[84] Die Tendenz ging dahin, daß die Zahl derjenigen, die ihn selbst lasen, wuchs. Shakespeares Einfluß nahm zu. Anfang der sechziger Jahre war der Prozeß so weit gediehen, daß sich Voltaire nicht länger einer Stellungnahme enthalten konnte. Er trat an die Öffentlichkeit.

Der Tropfen, der das Faß zum Überlaufen brachte, waren die beiden Artikel «Vergleich zwischen Corneille und Shakespeare» und «Vergleich zwischen Otway und Racine», die am 15. Oktober und 1. November in dem monatlich zweimal erschienenen «Journal encyclopédique» veröffentlicht wurden. Pierre Rousseau (1716–1785), der diese Zeitschrift herausgab, hatte sich die Erfahrung von Laplace mit dessen erfundenem Engländer zunutze gemacht und beide Artikel mit dem Untertitel «Übersetzung aus dem Englischen» versehen. Doch weder diese List noch die Tatsache, daß das «Journal encyclopédique» die «Philosophen» unterstützte und Voltaire selbst zu seinen Mitarbeitern zählte, besänftigten den Zorn des großen Klassizisten. Es konnte gar nicht anders sein, denn zu deutlich war dort alles gesagt worden.

Im ersten Artikel hieß es, Corneille sei zwar ein erhabener und mutiger Dramatiker, er verfüge jedoch nicht im geringsten über die Vielfalt der Charaktere Shakespeares. Vergeblich suche man bei ihm die Phantasie Shakespeares und die für diesen Dramatiker charakteristische Verbindung des Phantastischen mit dem Malerischen, des Düsteren mit dem Heiteren. Shakespeare könne ein Spiegel der Natur genannt werden. Seine Helden seien immer klar voneinander zu unterscheiden, die Charaktere und Sujets seien unendlich verschiedenartig. Natürlich besitze auch Corneille gewisse Vorzüge gegenüber Shakespeare, doch insgesamt übertreffe ihn Shakespeare um ein Vielfaches. Daß er sich den «Regeln» nicht unterworfen habe, bedeute keinen Mangel, sondern sei ein Zeichen von Genialität. Shakespeare sei ein unübertroffenes dichterisches Genie, Corneille ein hervorragender Dramatiker, doch mehr nicht.

Im zweiten Artikel, den vermutlich Abbé Prévost geschrieben hat, wurde Racine mit Otway verglichen, doch etwas geringer als jener veranschlagt.

Im selben Jahr erschien in Italien ein italienisch-englisches Wörterbuch. Der Verfasser Giuseppe Baretti (1719–1789), Journalist und Schriftsteller, hatte von 1751–1760 in England gelebt und dort Samuel Johnson kennengelernt. Als Kenner der englischen Literatur forderte er in seinem Vorwort zum selbständigen Studium derselben auf – insbesondere Shakespeares. Dieser Aufruf zeitigte eine neue Art und Weise der Rezeption englischer Literatur, denn bis dahin beschränkte sich in Italien die Rivalität mit den Franzosen auf die Diskussion über die klassizistische Tragödie, während die Äußerungen über Shakespeare mit denen Voltaires korrespondierten. Bald nach Erscheinen des Wörterbuchs redigierte Baretti die Zeitschrift «Frusta letteraria» (1763–1764), in der er Ausschnitte aus Shakespeares Werken übersetzte und Artikel über ihn schrieb. Baretti bewies, daß die Tragödien des großen englischen Dramatikers keineswegs eine Mischung von Schönem und Häßlichem darstellten, wie man das in der Nachfolge Voltaires allgemein annahm. «Shakespeare ist ein Dichter, der es im Tragischen wie auch im Komischen mit allen Corneilles, Racines und Molières Galliens aufnehmen kann»,[85] schrieb er. Der Streit um Shakespeare nahm internationalen Charakter an.

Unter diesen Umständen konnte Voltaire nicht schweigen. Im Jahre 1761 setzte er anonym das Pamphlet «Appell an alle Nationen Europas anläßlich der Ansichten eines englischen Schriftstellers[86] oder Deklaration über die Frage, ob die Siegespalme dem Londoner oder dem Pariser Theater gebührt» in

Umlauf. Im Jahre 1764 wurde der «Appell» in überarbeiteter Fassung unter dem von Voltaire des öfteren benutzten Pseudonym Jérôme Carré neu herausgegeben. Bereits seit der ersten Publikation war übrigens allen klar, daß Voltaire den «Appell» verfaßt hatte.

Die Frage, wer höher zu veranschlagen sei, Corneille oder Shakespeare, behauptet Voltaire in diesem Pamphlet, sei ganz einfach zu beantworten. Wer in ganz Europa (mit Ausnahme Englands) kenne und spiele denn Shakespeare? Wer aber kenne die französischen Dramatiker nicht? Die weltweite Anerkennung beweise, wer wen übertreffe.

Diese so scheinbar beiläufig hingestreuten Worte verrieten sehr viel über die Evolution der Ansichten Voltaires. Im Achtzehnten Brief neigte er noch dazu, den Engländern das Recht zuzugestehen, in einer Sprache zu reden, die ihrer Kulturgeschichte und ihrem Nationalcharakter entsprach. Nun kehrte er entschieden zur Vorstellung über die Allgemeingültigkeit der Kunstgesetze zurück, die keine Ausnahmen duldeten. Falls die eine oder die andere Nation sie nicht akzeptierte, wäre das ihr Unglück. «Wenn das, wofür sich eine Nation begeistert, nur bei ihr Erfolg hat, spricht das nicht für ihren Geschmack».[87] Mit diesen Worten umriß er in den sechziger Jahren seine Position.

Ein Mensch mit gesundem Geschmack wende sich von Shakespeare ab, sobald er ihn kennengelernt habe. In allen französischen Übersetzungen (darunter auch in Voltaires Übersetzung) sei Shakespeare aus Rücksicht auf das Publikum geglättet und veredelt worden. Die Zeit sei gekommen, den «wahren» Shakespeare zu zeigen. Und Voltaire übersetzte erneut (diesmal interlinear) den Monolog Hamlets und etwa zehn Repliken aus dem «Othello», um die extreme Grobheit und Ungereimtheit der Stücke Shakespeares zu beweisen.

Doch wie war in diesem Zusammenhang die leidenschaftliche Vorliebe des englischen Publikums für Shakespeare zu erklären? Mit seiner Roheit, antwortete Voltaire diesmal. «Sänftenträger, Matrosen, Kutscher, Ladenschwengel, Metzger und auch Kopisten lieben Shakespeare sehr; man zeige ihnen einen Hahnenkampf, einen Stierkampf oder einen Kampf der Gladiatoren, eine Beisetzung, Duelle, Galgen, Zaubereien, Gespenster – und schon kommen sie in hellen Scharen gelaufen; niemand ist neugieriger als das Volk. Die Londoner Bürger haben in Shakespeares Tragödien alles gefunden, was Neugierigen gefallen kann. Und die Leute von Welt haben sich von der Mode beeinflussen lassen: Wie sollte man nicht von dem begeistert sein, was den besten Teil der Städter begeistert? Hundertfünfzig

Jahre lang gab es im Theater nichts Besseres, die Begeisterung nahm zu und wandelte sich in Verehrung. Einige geniale Stellen und einige wegen ihrer Kraft und Natürlichkeit gelungene Verse, die sich einem unwillkürlich einprägen, machten alle Mängel vergessen, und bald hatte das ganze Stück dank einzelner Schönheiten Erfolg errungen.»[88]

Jean-François Laharpe pflichtete diesem Urteil Voltaires begeistert bei und stimmte auch in allen anderen Fragen mit ihm überein. In Band XII seines achtzehnbändigen Werkes «Cours de littérature ancienne et moderne» (Vorlesung über alte und neue Literatur, 1799–1805) – dieses postum erschienene Buch enthielt die Vorlesungen, die Laharpe seit Beginn der zweiten Hälfte der achziger Jahre am Lycée des arts[89] in Paris hielt – erklärte er Shakespeares Ansehen in England mit dem Volkscharakter des Theaters in diesem Land, fand daran jedoch nichts Lobenswertes, denn «der Geschmack des Volkes sei ungehobelt.» Das französische Theater fühlte sich in seiner Erhabenheit einem subtileren Publikum verpflichtet. Leider habe es in der Folgezeit aufgehört, die Stimmung des Saals zu bestimmen, und dadurch habe sich die Lage geändert . . .

In anderen Kreisen hatte der «Appell an alle Nationen Europas» keinen sonderlichen Erfolg. Denjenigen, die ihre Informationen über Shakespeare den bisherigen Veröffentlichungen Voltaires entnahmen, sagte er nichts Neues, und diejenigen, die sich ein eigenes Urteil über diesen Dramatiker gebildet hatten, konnte er nicht umstimmen. Der Grund dafür war nicht vorrangig in der Schwäche der Argumente Voltaires zu suchen. Die Zeiten hatten sich eben geändert. Voltaire hatte, als er Shakespeare vorhielt, er habe sich dem Geschmack des Pöbels gegenüber nachsichtig verhalten, unwillkürlich den Hauptgrund für das ständig wachsende Interesse des französischen Publikums an Shakespeare genannt – dessen Demokratisierung.

Laharpe, der im Jahre 1763 mit seiner Tragödie «Der Graf Warwick» einen großen Erfolg errungen hatte, konnte sich 1780 nicht entschließen, seine neue Tragödie «Philoktet» aufführen zu lassen, aus der er in der Akademie zwei Akte gelesen und Beifall geerntet hatte. In seiner «Literarischen Korrespondenz» erklärte er das damit, daß der Geschmack der Akademie und der des «heutigen Parterres» zu sehr differierten. «Die Verdorbenheit des Geschmacks ist so allgemein geworden und hat einen derartigen Tiefstand erreicht, daß einfach niemand die Schlichtheit und die Beredsamkeit der griechischen Tragödie («Philoktet» war eine Sophokles-Bearbeitung – J. K.) würdigen wird»,[90] schrieb er.

«Das englische Theater war ein Theater der Nation, das französische das Theater einer Klasse.»[91] So definierte Thomas R. Lounsbury den, wie er glaubte, Hauptgrund dafür, daß sich das englische Theater des 18. Jahrhunderts auf Shakespeare stützte, während das französische ihn mied. Lounsbury hatte nicht ganz recht. Das sich von den Engländern unterscheidende dramatische System, das am französischen Theater üblich war, hatte ebenfalls eine nationale Grundlage. Und wenn das französische Theater in einem bestimmten Sinne in der ersten Jahrhunderthälfte auch «das Theater einer Klasse»[92] darstellte, so begann sich die Lage von der Mitte des Jahrhunderts an spürbar zu ändern.

Bis dahin hatte sich das demokratische Publikum kaum für das Theater der französischen und auch der italienischen Komödie interessiert. Nun gewann es immer mehr an Anziehungskraft. Nach Auffassung I. Iwanows, eines russischen Wissenschaftlers, der diese Frage speziell untersuchte, «änderte sich die Zusammensetzung des vornehmen und des einfachen Theaterpublikums. Dieser Prozeß verlief allmählich, so daß die Zeitgenossen dies anfangs gar nicht bemerkten, doch in den siebziger Jahren äußerten sich Augenzeugen über die neuen, vormals unbekannten Zuschauer bereits wie über eine unumstößliche Tatsache.»[93]

Das demokratische Parterre – die Anzahl der Plätze war, weil es sich um ein Stehparkett handelte, nicht streng begrenzt – überwog bereits in den sechziger Jahren. So hatte 1765 von den 21 000 Zuschauern, die Sedaines Stück «Der Philosoph ohne es zu wissen» sahen, mehr als die Hälfte Karten für das Parkett gekauft. Zwar frequentierten auch verarmte Adlige das Parkett, besonders, wenn sie ohne Familienangehörige kamen, doch gehörte es vorrangig dem dritten Stand.

Im Jahre 1770 zog die Comédie-Française vom Quartier Latin in den neuen Raum des Operntheaters in den Tuilerien (den sogenannten «Saal der Theatermaschinen») um. Seitdem demokratisierte sich das Parkett noch entschiedener als zuvor. «Früher drängten sich hier», berichtet ein Zeitgenosse, «angesehene Bürger, Literaten, im allgemeinen Leute, die eine Beziehung zu wissenschaftlicher und literarischer Betätigung hatten. Die Studenten nahmen das Parkett für sich in Beschlag . . . Jetzt kommt ein ganz anderes Publikum hierher – Arbeiter, Handwerker und überhaupt einfache Leute. Das einstige Publikum hält die Logen besetzt: Die Bürger wollten in dieser Hinsicht – wie überall, wo es möglich war – nicht hinter der Aristokratie zurückstehen. Das Interesse für das Theater hatte unter der niederen

Bevölkerung der Hauptstadt ganz offenbar zugenommen. Es war zu beobachten, daß Handwerker, die früher in die Schenke gingen, um sich zu betrinken, jetzt die Theater besuchten.»[94]

Diese Veränderung rief die Behörden auf den Plan. Sie entsandten jetzt zu jeder Aufführung an die dreißig Soldaten mit Gewehren. «Sobald sich einer rührte, waren auch schon die Soldaten zur Stelle, bereit, einen beim Schlafittchen zu nehmen»,[95] bezeugt Louis-Sébastien Mercier in «Mein Bild von Paris».

Auch diejenigen waren nicht gerade zufrieden, die in den Intellektuellen des Quartier Latin die Stütze des Theaters erblickten. Mercier beklagte im Jahre 1781, daß «die Zusammensetzung des Parterres, als die Comédie-Française sich noch im Quartier Latin befand, weit besser war als jetzt; damals konnte das Parterre die Schauspieler beflügeln. Jetzt kommen sie auf den Hund, weil sie die Kritik der Studenten, die für sie nützlich war, entbehren müssen, und spielen vor dem ungehobelten Parterre, das ausnahmslos aus Ladenbesitzern der Saint-Honoré, aus Steuer- und kleinen Zollbeamten besteht.»[96] Übrigens hatte Mercier eine eigene Rechnung mit der Comédie-Française zu begleichen ...

Rétif de la Bretonne gibt in seinem Roman «Das Verderben des Landmannes oder Die Gefahren der Stadt» (1775) ein treffendes Beispiel dafür, wie schnell die Comédie-Française in den siebziger Jahren das unerfahrene Publikum für sich einnahm. Sein Held, der vor kurzem noch Bauer gewesen war, schwärmte zuerst für Seiltänzer, Äquilibristen und Gaukler, die er auf dem Jahrmarkt sah. Doch kaum hatte er sich in Paris eingelebt, schrieb er auch schon: «Verglichen mit der Comédie-Française sind alle anderen Schauspiele dummes Zeug; dieses Theater übertrifft einfach alles. Ich meine die Qualität der Stücke wie auch das Spiel der Schauspieler. Jetzt verstehe ich, warum ich mir aus Akrobaten und allem übrigen, was ich zu sehen bekam, nichts mehr mache. In der der Comédie-Française herrscht die Vernunft, dort predigt man allein die gesunde Moral, zeigt man erst die möglichen und natürlichen Stoffe und bietet alles, wie ich mich überzeugen konnte, im Geiste der besten Gesellschaft.»[97]

Diese Leute nahmen nicht nur brav die Kultur aus den Händen derjenigen entgegen, die sich an sie gewöhnt hatten. Sie forderten vielmehr ihren Teil. Rétif de la Bretonne, der in einem bestimmten Grade selbst den Weg seines Helden zurückgelegt hatte, macht an dieser Stelle eine Anmerkung, in der er die Begeisterung seines noch nicht sehr erfahrenen Edmont über das Repertoire dämpft ... Die zunehmende Mäkelei eines derartig zusammengesetzten Publikums war in dieser Zeit ein Gemeinplatz von Theaterfeuilletons. Unter dem unmerklichen Druck des neuen Zuschauers kam es auch im Theater zu Veränderungen, die Voltaire von Jahr zu Jahr mehr erzürnten.

Die Anhänger der guten alten Zeit erwarteten ungeduldig das Jahr 1782, als die Comédie-Française nach zwölfjähriger Pause endlich wieder in die alten Gefilde zurückkehrte. Sie glaubten, es würde dadurch gelingen, auch das alte Publikum zurückzugewinnen. Sie wollten den Zuschauer des «Saals der Theatermaschinen» loswerden. Das Theater hatte sich jetzt von ihm territorial entfernt, das Parterre Sitzplätze erhalten, und die Preise waren entsprechend gestiegen.[98] Beide Hoffnungen erfüllten sich jedoch nicht. Es kehrten nur wenige frühere Zuschauer wieder, die vormaligen Kunstneigungen schon gar nicht. Kaum war eine gewisse Zeit vergangen, da zog «Figaros Hochzeit» viele neue Zuschauer ins Theater – Leute, die es zuvor noch nie besucht hatten und sich keiner klassischen Bildung rühmen konnten. Die Demokratisierung des Theaters hatte sich als unumkehrbarer Prozeß erwiesen.

Gerade in den demokratischen Kreisen lernte man in erster Linie Shakespeare schätzen und verstehen. Alles, was mit dessen Ästhetik korrespondierte, fand ungeteilte Zustimmung.[99] Mußte das nicht die Schauspieler beeinflussen? Die Rollen im bürgerlichen Drama verhießen zunehmenden Erfolg, und die Rollen in den bald erschienenen Shakespearebearbeitungen trugen ebenfalls dazu bei, sich zu profilieren. Die Rolle des Beverley im «Spieler» von Edward Moore, der ins Französische übersetzt worden war, verhalf dem ohnehin schon populären Schauspieler François-René Molé zu einem derartigen Ansehen, daß täglich Bulletins über seinen Gesundheitszustand veröffentlicht wurden, als er im Jahre 1766 an einer Lungenentzündung erkrankte und in Lebensgefahr schwebte. Als ihm der Arzt empfahl, er solle, um wieder zu Kräften zu kommen, etwas mehr alten Claret trinken, schickten ihm seine Verehrer noch am selben Tag zweitausend Flaschen dieses Weins. Jean-Bapiste Brizard, ein guter Tragöde, der in seinem Leben viel geleistet hatte, blieb gerade wegen seiner Rollen im «Hausvater» von Diderot, in «Der Philosoph ohne es zu wissen» (oder: «Der Weise in der Tat») von Michel-Jean Sedaine und in der «König Lear»-Bearbeitung von Ducis in Erinnerung. (Es ist eine Ironie des Schicksals, daß ausgerechnet Brizard am 1. April 1778 Voltaire in der Loge der Comédie-Française den Lorbeerkranz aufsetzte, als Paris den greisen Dramatiker bei der sechsten Aufführung seiner «Irène» ehrte). Die Comédie-Française hatte es von Jahr zu Jahr schwerer, die «Zitadelle des guten Geschmacks» zu bleiben. Außerdem hatte der «Zuschauer des Saals der Theatermaschinen» seinen eigenen Theoretiker gefunden, der zu beweisen versuchte, daß der neue Geschmack keineswegs der richtig verstandenen, vorurteilslos ausgelegten und von den späteren Verkrustungen befreiten Tragödie der Antike widersprach, sondern sie vielmehr ausdrückte. «Niemand ist den Griechen so nahegekommen wie Shakespeare, den wir wegen seiner Widersinnigkeiten so sehr verschmähen», schrieb Rétif de la Bretonne in seinem Briefroman «Das Verderben des Landmannes oder Die Gefahren der Stadt». «Ich wage zu sagen, daß in diesen Widersinnigkeiten sich das wahre Genie äußert, das die Ereignisse des Lebens so darstellen wollte, wie sie in Wirklichkeit sind und die Tragödie nicht, wie das unsere besten Dramatiker getan haben, in ein Zaubermärchen verwandelt hat, in dem anstelle menschlicher Taten nur Wunder geschehen.» Unter den zeitgenössischen Dramatikern, die Rétif de la Bretonne schätzte, nahm Voltaire natürlich den ersten Platz ein. Das war die allgemeine Auffassung, dagegen polemisierte er nicht, und er stellte weder Voltaires Ansichten noch dessen Ansehen als Künstler auch nur im geringsten in Frage. Er lobte ihn allein dafür, daß er «die Tragödie aufgelockert habe»,[100] indem er vieles von Corneille (den Edelmut), von Racine (die rührenden Herzensergüsse) und Crébillon (die Verwicklung der Ereignisse und die Spannung) entlehnte, mit anderen Worten: Er machte, wie man aus dem Kontext ableiten kann, einen Schritt in Richtung Shakespeare. Die Meinungen, die in den Artikeln des «Journal encyclopédique» vertreten wurden, waren offenbar in den vergangenen anderthalb Jahrzehnten Gemeingut geworden.

In der Folgezeit wurde der Ton der Shakespeareverehrer noch heftiger. Mercier, der bereits 1773 in seiner in Amsterdam erschienenen Abhandlung «Neuer Versuch über die Schauspielkunst» analoge Gedanken äußerte (dieses Buch hatten die Journalisten, die sich zum Klassizismus bekannten, mit einer wahren Flut grober Schmähworte bedacht), schrieb in «Mein Bild von Paris»: «Das französische Theaterpublikum beginnt endlich, sich der Einförmigkeit der limitierten Ideen und der immer wiederkehrenden Charaktere bewußt zu werden, die im Zuschauer ein Gefühl der Leere hinterlassen und unsere zeitgenössischen Tragödien so kraftlos erscheinen lassen ... Es ist laut und vernehmlich erklärt worden, daß unsere kleine Bühne nur eine *Quasselbude* darstellt, daß wir unsere Zeit nur für eine ganze Reihe absurdester und kuriosester Unsinnigkeiten verschwenden. Alle stimmen darin überein, daß die *Anwendung ein und derselben dramatischen Schablone* auf alle Völker, alle Regierungen und alle Ereignisse – seien diese nun erschütternd oder ergreifend, einfach oder kompliziert – ein kindliches Unterfangen ist. Nur Epigonen, deren Talent nicht ausreichte, die Kunst zu verändern, nur vollkommen phantasielose, sklavische Verehrer dessen, was vor ihnen geschaffen worden war, konnten sie (– die Schablone – der Übers.) gutheißen.»[101]

«Ihr jungen Schriftsteller, wollt Ihr echte Kunst kennenlernen, wollt Ihr sie von den Fesseln befreien, die ihr auferlegt sind?», fährt dieser «Sansculotte des Theaters», wie er später genannt wurde, fort. «Macht Euch nichts aus den Journalisten und ihren Belehrungen; lest Shakespeare – nicht um ihn zu kopieren, sondern um Euch gefangennehmen zu lassen von seiner erhabenen, freien, schlichten, natürlichen, derben und ausdrucksvollen Art; erkennt in ihm den wahrheitsgetreuen Interpreten der Natur, und bald werden Euch alle unsere armseligen Tragödien, diese einförmigen, kläglichen, inhaltslosen und erstarrten Werke, in ihrer ganzen Trockenheit und abstoßenden Kraftlosigkeit erscheinen.»[102]

An anderer Stelle verspottet Mercier einen Reimeschmied, der sich einen geschlagenen Monat «mit einem Vers abmüht, der sich nicht fügen will.» «Wenn man so einem sagt», schreibt Mercier, «es gäbe einen Prosaschriftsteller (den er natürlich nicht kennt, weil er nur Racine liest), einen großen Künstler, einen englischen Schriftsteller, den er einen Barbaren schimpfe und der neben Originalität und Genialität auch noch einen besseren Geschmack besitzt als Boileau, dann wird er einen natürlich nicht verstehen.»[103] Wo erkennt man hier die Ehrfurcht vor den Strömen von Schweiß, die laut Voltaire das Weihwasser der Kunst sind? Im Jahre 1781 wurde, wie unschwer zu erkennen ist, sogar der bis dahin als unverrückbar geltende Gedanke negiert, daß – welche Vorzüge auch immer bei Shakespeare entdeckt werden würden – der gute Geschmack ein Privileg der Franzosen bliebe. Für den Rousseaufreund Mercier war Shakespeare ein origineller «natürlicher Mensch» des Welttheaters. In dem Sinne, in dem der Rousseauismus (– diese romantische Strömung im Jahrhundert der Vernunft –) die Romantik des folgenden Jahrhunderts ankündigte, war Shakespeare auch ein «Romantiker». Mercier sah in ihm vor allem einen großen Kenner der von Fesseln freien menschlichen Natur. Es klingt auch der Gedanke an, dem Klassizismus mangele es an historischer und ethnographischer Wahrheit, an dem, was die Romantiker später historisches und lokales Kolorit nannten ...

Am Ende der sechziger und zu Beginn der siebziger Jahre erschien der Name Shakespeare auch auf Theaterplakaten. 1769 sah das Pariser Publikum eine Bearbeitung des «Hamlet» und 1772 eine weitere von «Romeo und Julia».[104] Ihr Autor war Jean-François Ducis (1733–1816), ein Literat von durchschnittlicher Begabung, der später den Sessel in der Akademie einnahm, den Voltaire räumen mußte. Als überzeugter Klassizist unternahm Ducis alles in seinen Kräften Stehende, um Shakespeares Stücke mit den Regeln der französischen Bühne in Einklang zu bringen. Das fiel ihm um so leichter, als er kein Wort englisch beherrschte und sich auf die äußerst ungenauen Übersetzungen von Laplace stützte. Denoch gelangten Shakespeares Helden und Sujets, wenn auch in «veredelter» Form, endlich auf die Bühne. Das war an sich schon erstaunlich. Welche Kritik die Bearbeitungen von Ducis auch auslösten («Ich bitte um Shakespeare, und man gibt mir Ducis», sagte Talma), sie bedeuteten für ihre Zeit zweifellos einen beachtlichen Fortschritt. Ducis hat (nach S. S. Mokulski) «in seinen Stücken das Maximum dessen gegeben, was der französische Zuschauer, der durch die Schule des klassizistischen Theaters gegangen war, von Shakespeare aufnehmen konnte»,[105] und das ging weit über die Grenzen hinaus, die Voltaire gezogen hatte.

Der Wandel in den gesellschaftlichen Vorstellungen und im gesellschaftlichen Geschmack war zu dieser Zeit so erstaunlich, daß Voltaire, nachdem er seinen «Appell an alle Nationen Europas» in Umlauf gebracht hatte, bereits nicht mehr die Methode des Totschweigens anwandte. Als er 1764 seinen später so berühmt gewordenen Kommentar zu Corneille herausgab, veröffentlichte er in Form eines Anhangs zu «Cinna» die Übersetzung von drei Aufzügen aus «Julius Cäsar» von Shakespeare. Den Anlaß hierfür bildete die Ähnlichkeit des Themas beider Stücke (in beiden ging es um eine politische Verschwörung), was Voltaire prompt nutzte, um die Vorzüge des französischen Dramatikers gegenüber dem englischen zu beweisen. In einem bestimmten Sinne gelang ihm das auch. Voltaire hatte Shakespeare in Blankversen übersetzt; in Frankreich besaß dieser Verstyp im Drama jedoch keine eigene Tradition, und Voltaire war nicht dazu berufen, sie zu begründen. Jedenfalls klang der Shakespearesche Vers (genauer: der Vers Voltaires) plump. Schwerer war es, Shakespeare in anderer Beziehung herabzuwürdigen; dazu waren zusätzliche Anstrengungen erforderlich. In der Übersetzung, auf deren absoluter Übereinstimmung mit dem Original Voltaire ausdrücklich bestand (er hatte sie deshalb vorgenommen, weil die Übersetzung von Laplace ihm nicht genau genug erschien), fehlte fast ein Drittel des Textes. Es handelte sich dabei um die Szenen, die Voltaire in seiner Tragödie «Der Tod Cäsars» nachgeahmt hatte, mit anderen Worten: Die besten Stellen der Shakespeare-Tragödie wurden dem französischen Publikum vorenthalten.

Auf seinen Anhang zum zweiten Corneille-Band war Voltaire besonders stolz. Er sah in ihm eine Art «Zweiten Appell an alle Nationen Europas». Zweimal ließ sich Voltaire – in den sechziger Jahren und gleich zu Beginn der siebziger Jahre – auch auf einen Streit mit seinen englischen Opponenten ein. 1768 wiederholte er in seinem Brief an Horace Walpole die alten Ansichten über Shakespeare. 1770 warf er in seinem Artikel «Die Kunst des Dramas» Samuel Johnson vor, er sei unfähig, Schönheit und Edelmut in der Tragödie zu würdigen. Voltaire versuchte in dieser Zeit noch objektiv zu sein. Außerdem klangen in seinen Artikeln und Briefen erneut die Töne des Achtzehnten Briefes an. «Ich versuche, Corneille mit Shakespeare zu versöhnen in Erwartung der Zeit, da unsere Könige geruhen, Frieden in Europa zu schließen»,[106] schrieb er 1762 an George Keate, einen seiner englischen Briefpartner.

Im Jahre 1770 formulierte er im «Philosophischen Wörterbuch» (im Artikel: «Die Kunst des Dramas») seinen berühmten Satz über Shakespeare, in dessen Sprache die Natur selbst spräche. Doch gerade in den siebziger Jahren, deren Beginn durch diesen versöhnlichen Artikel gekennzeichnet war, spitzte sich die Lage plötzlich zu.

Schon die Stücke von Ducis hatten Voltaire beunruhigt. Im Oktober 1769 schrieb er an den Grafen d'Argental, daß bereits die von ihm selbst in die französische Tragödie eingeführten Neuerungen den Beginn zu weitreichenden Veränderungen gebildet hätten. In einem noch gereizteren Ton äußerte er sich über diese Tendenz drei Jahre später in seinem Brief an d'Argental vom 24. November 1772, als zu Ducis' «Hamlet» auch noch «Romea und Julia» hinzugekommen war: «Gute Verse sind aus der Mode gekommen. Man verlangt von einem Autoren nicht mehr, daß er schreiben kann. O weh! Ich selbst habe diesen Verfall beschleunigt, weil ich Handlung und theatralische Effekte eingeführt habe. Heutzutage gewinnt die Pantomime die Oberhand über den Verstand und die Poesie».[107]

Doch traten alle diese Ärgernisse vor einem Ereignis in den Hintergrund, zu dem es einige Jahre später kam. Es glich wahrlich einer Katastrophe.

Im Jahre 1776 wurde eine neue Ausgabe der Werke Shakespeares – diesmal in Prosa – in der Übersetzung von Pierre Letourneur (1736–1788) veranstaltet. Sie spielte zu dieser Zeit und auch später noch in Frankreich eine große Rolle. Es handelte sich um genau die Übersetzung, durch die die Romantiker der Generation Théophile Gautiers (1811–1872) «Shakespeare erkannten»,[108] obwohl sie ihnen etwas «geglättet» erschien, wie sie danach feststellten – die jungen Studenten, Künstler und Literaten, die am 25. Februar 1830 in die Comédie-Française zogen, um Hugos «Hernani» gegen die Klassizisten zu verteidigen und an diesen denkwürdigen Abenden eine «romantische Revolution» zu veranstalten. Pierre Letourneur hatte sich zu der Zeit, als er an der Übertragung Shakespeares zu arbeiten begann, bereits mit der Übersetzung von Richardsons «Die Geschichte der Clarissa, eines vornehmen Frauenzimmers» einen Namen gemacht. In Literaturkreisen liebte man ihn und hielt ihn für einen vortrefflichen Menschen. Er unterhielt auch gute Beziehungen zu den höchsten Kreisen der Gesellschaft.

In der Zeit, als Letourneur seine Ausgabe veranstaltete, war er Sekretär des Grafen von Artois, des Bruders des Königs und späteren Ludwigs XVIII. So verwundert es nicht, daß es ihm gelang, die Unterstützung der königlichen Familie und damit auch eine große Zahl angesehener Abonnenten zu gewinnen. Der Ausgabe wurden einleitende Materialien vorangestellt, die 140 Seiten umfaßten und in denen neue, in Frankreich noch nie so umfassend und so offen geäußerte Ansichten über das französische und das englische Drama dargelegt wurden.

Nach Letourneur hatte der französische Leser Shakespeare bisher nur in lächerlichen Bearbeitungen kennenlernen können, die dessen schöne Proportionen verstümmelten. (Wen meinte Letourneur – Ducis oder gar Voltaire?). Indessen sei Shakespeare ein großer Dramatiker und schon dadurch bemerkenswert, daß er alle Schichten der Gesellschaft dargestellt habe. Er habe die Wahrheit überall gesucht – auch unter dem Dach einfacher, arbeitender Menschen. Man behauptet, er sei anstößig, doch das treffe nicht zu. Die ihn nicht kennen, glaubten das. Beispielsweise Jean-François Marmontel. (Du liebe Zeit, dieser Dramatiker, Schriftsteller und Kritiker habe lediglich Voltaire wiederholt!). Auch in anderen Fragen verfuhr Letourneur mit Voltaire und seinen Schülern nicht eben respektvoll. Vor allem widersprach er energisch der Meinung, daß Shakespeare, hätte er im Jahrhundert Addisons gelebt, sich in seiner Kunst vervollkommnet hätte. Das Gegenteil wäre der Fall gewesen, sagte Letourneur, denn die «Regeln» hätten ihm Fesseln angelegt. Shakespeare sei ein englischer Plautus und Sophokles; hätte Aristoteles im Jahrhundert Shakespeares gelebt, hätte er die Gesetze der Theaterkunst anders definiert. Was das vielgerühmte Stück Addisons anbelangt, so sei es, meint Letourneur, nicht viel wert ...

Das alles leuchtete natürlich ein. Letourneur hatte nicht nur neue Ideen, sondern er verteidigte sie auch auf der Grundlage von Kenntnissen, über die in Frankreich zu jener Zeit niemand verfügte.

Dieses Vorwort hat Voltaire nicht einfach empört, sondern ihn geradezu in Panik versetzt.

«Ich bin wütend auf einen gewissen Tourneur ...», schrieb er am 19. Juli 1776 aus Ferney an den Grafen d'Argental. «Haben Sie die beiden Bände dieses Halunken gelesen, in denen er uns glauben zu machen versucht, daß der einzige Prototyp für eine echte Tragödie Shakespeares Stücke sind? Er nennt ihn einen ‹Gott des Theaters› und opfert seinem Götzenbild ausnahmslos alle Franzosen, wie man einst Ceres Schweine geopfert hat. Er nennt nicht einmal Corneille und Racine, er rechnet lediglich mit diesen beiden bedeutenden Persönlichkeiten ab, ohne sie namentlich zu erwähnen. Es sind bereits zwei Bände von diesem Shakespeare erschienen. Man kann sie als eine Sammlung von Stücken für das Schaubudentheater betrachten, die vor zweihundert Jahren geschrieben worden sind. Dieser Federfuchser hat auf unbegreifliche Weise den König für sich eingenommen, die Königin und die ganze königliche Familie, die seine Werke abonniert hat ...

Am widerlichsten ist jedoch die Tatsache, daß dieses Scheusal in Frankreich eine Partei von Anhängern besitzt und ich zu allem Unglück selbst einmal die Rede auf Shakespeare gebracht habe; ich habe den Franzosen als erster einige Perlen gezeigt, die ich in seinem riesigen Misthaufen gefunden habe. Ich habe nicht damit gerechnet, daß dies eines Tages dahin führen würde, die Lorbeerkränze eines Racine und eines Corneille mit Füßen zu treten und an ihrer Stelle einen barbarisch ungehobelten Schauspieler mit Lorbeer zu krönen.

Ich bitte Sie, versuchen Sie, den Zorn zu empfinden, den ich empfinde; ich könnte aus der Haut fahren ...»[109]

«Man gibt Racine und Corneille zugunsten Shakespeares preis», schrieb er neun Tage später an Devain. «Ich habe einst Frankreich mit Shakespeare bekanntgemacht, und jetzt kehrt man die Waffe, die ich selbst geliefert habe, gegen mich.»[110]

«Mein lieber Engel, der Tempel des Herrn ist verwüstet», so wandte er sich am 30. Juli 1776 erneut an d'Argental. «Le Kain ... schreibt mir, daß fast die gesamte Jugend von Paris hinter Letourneur steht, die englischen Schafotte und Bordelle über das Theater Racines und die schönen Szenen Corneilles die Oberhand gewinnen, es in Paris bereits nichts Größeres und Anständigeres gäbe als Londoner Possenreißer und man jetzt die Tragödie in Prosa zu geben beabsichtige, wo Metzger vor das Publikum treten, was einen komischen Effekt erzeugt. Ich habe erleben müssen, wie das Reich der Vernunft und des Geschmacks zugrunde ging. Meine Tage sind gezählt. Ich werde ein Frankreich zurücklassen, das in Barbarei versunken ist, doch zum Glück leben Sie noch, und ich gebe die Hoffnung nicht auf, daß die Königin ihre neue Heimat, die ihr so zugetan ist, den Wilden und Scheusalen nicht als Beute überlassen wird. Ich hoffe, daß der Herr Marschall Duras, als er in die Akademie eintrat, uns nicht die Ehre erwiesen hat zu dem Zweck, ruhig mit anzusehen, wie die Hottentotten uns verschlingen.»[111]

Die Aufforderung an d'Argental, «Zorn zu empfinden», wie auch die diplomatische Erwähnung der Königin und des Marschalls Duras zielten unverkennbar darauf ab, daß die Behörden «Maßnahmen ergriffen». Aus dem gleichen Grunde schickte Voltaire am 11. September 1776 einen Brief an den Herzog Richelieu, in dem er den Neffen des Kardinals Richelieu, des Begründers der Akademie, beschwor, er solle nicht zulassen, daß die nationale Ehre Frankreichs verletzt würde.

Voltaire blieb auch als Schriftsteller und Akademiemitglied nicht untätig. Der Brief an d'Argental glich einer Kriegserklärung. Er war keinesfalls dafür gedacht, nur Gegenstand privater Korrespondenz zu bleiben. Bald kursierten Kopien davon in Paris, und einige Monate später veröffentlichten ihn englische Zeitungen. Daraufhin kam es zu regelrechten Kriegshandlungen. Voltaire richtete im Zusammenhang mit der Neuübersetzung Shakespeares eigens einen Brief an die Académie Française. Das französische Publikum wurde darin beschuldigt, daß es, obschon es früher so gut wie nichts über Shakespeare wußte, jetzt in das andere Extrem verfalle und dazu neige, ihn über die echten Dramatiker, die eigenen Landsleute, zu stellen. Das zeuge weder von Vaterlandsliebe, noch von Sachverstand. Letourneur habe erklärt, das französische Publikum hätte bisher keine genaue Vorstellung von Shakespeare besessen. Doch habe nicht er, Voltaire, drei Aufzüge des «Julius Cäsar» Zeile für Zeile übersetzt? Und sei etwa Letourneurs Übersetzung genauer als die Voltaires? Letourneur habe den Franzosen die Grobheit Shakespeares vorenthalten. Er, Voltaire, sei nunmehr gezwungen, auch wenn er befürchten müsse, die Gefühle der Damen zu verletzten, Beispiele für die tatsächliche Sprache des englischen Dramatikers zu geben ... Und so zitierte denn Voltaire aus «Othello», «Romeo und Julia» und «König Lear», außerdem je einige Sätze aus dem Gespräch Heinrichs V. mit der Tochter des französischen Königs und aus den Reden des Pförtners in «Macbeth». Er stützte sich auch auf die negative Meinung, die der englische Kritiker Thomas Rymer (1641–1713)[112] von Shakespeare hatte. Übrigens pflichtete ihr Voltaire nicht bei und zeigte damit seine Unvoreingenommenheit. Er erklärte, daß er es vorzüge, in Sachen Shakespeare eine Position zwischen Rymer und dem «Übersetzer Shakespeares» einzunehmen (er erwähnte in diesem Brief den Namen Letourneur kein einziges Mal).

Natürlich war diese Objektivität nur vorgetäuscht. Warum hielt Voltaire beispielsweise Letourneur Sünden vor, die dieser gar nicht begangen hatte? So behauptete er, Letourneur habe in seiner Vorrede keinen einzigen französischen Dramatiker erwähnt. Aber das stimmte nicht. Letourneur hatte Corneille, Racine und Molière genannt, Voltaire allerdings übergangen ...

Auch die Tatsache, daß er sich in dieser Frage an die Académie Française wandte, belegte klar die praktische Berechnung. Wie Thomas Besterman einleuchtend anmerkte, achtete Voltaire die Akademiemitglieder nicht sonderlich, konnte aber gewiß sein, daß die geistigen Nachfahren derjenigen, die zu ihrer Zeit Corneille verurteilten, sich mit noch größerer Strenge gegenüber einem Ausländer verhalten würden, der die «Regeln» einfach negierte.[113]

Voltaires Brief wurde in der Akademie zweimal verlesen – auf einer geschlossenen und einer offenen Tagung (hier übrigens in einer neuen Fassung, in der die Shakespeare-Zitate, die «die gesellschaftliche Moral verletzen» konnten, durch neue ersetzt worden waren, die nicht so abstoßend wirkten). Der Brief fand in der Akademie jedoch nicht die beabsichtigte Resonanz. Letourneurs Anhänger gaben sich nicht geschlagen. Voltaire führte neue, aber keineswegs überzeugendere Argumente zur Verteidigung seines alten Standpunktes, der seit langem allen gut bekannt war und gegen den wiederholt protestiert wurde, ins Feld. Doch es gelang ihm nicht, Andersdenkende von ihrer Meinung abzubringen. Zudem stieß Voltaires Brief an die Akademie in Italien auf heftige Ablehnung. Im Jahre 1777 veröffentlichte Giuseppe Baretti seinen «Discours sur Shakespeare et Monsieur de Voltaire» (Gespräch über Shakespeare und Herrn Voltaire), in dem er Voltaire die echte Kenntnis des Englischen (wie auch des Italienischen) absprach. Über Voltaires Übersetzung des «Julius Cäsar» äußerte er, eine Schülerin hätte sie nicht schlechter anfertigen können. Baretti bemerkte als erster, daß der französische Blankvers dem englischen nicht entsprach und bezeichnete deshalb Voltaires Übersetzung «nicht als eine Übersetzung, sondern als einen Totschlag». Shakespeares Mißachtung der «Regeln» war nach Barettis Auffassung keine Schwäche, sondern vielmehr dessen Stärke. Auch in allen übrigen Fragen solidarisierte sich Baretti vorbehaltslos mit Letourneur.

Barettis «Gespräch über Shakespeare und Herrn Voltaire» war in französischer Sprache geschrieben und sollte in dem Streit, der in Frankreich entbrannt war, eine Rolle spielen. Der Discours erwies sich in der Tat als zusätzliches Argument gegen den großen Klassizisten.

Am französischen Hof löste Voltaires Brief an die Akademie ebenfalls Unwillen aus. Der Vorwurf mangelnder Vaterlandsliebe, der gegen die Leser Letourneurs erhoben wurde, warf auch auf die königliche Familie einen Schatten, stand sie doch fast vollzählig auf der Abonnentenliste. Außerdem wurde Letourneurs Ausgabe mit einem Sendschreiben an den König eingeleitet, in dem es über den französischen Monarchen hieß, er gebekunde wie Shakespeare Interesse für alle Schichten der Gesellschaft. Voltaires Brief durfte eine Zeit lang nicht verbreitet werden. Zwar hob man das Verbot bald wieder auf, doch der allerhöchste Unwille hatte sich nicht gelegt. Dieser äußerte sich auf drastische Weise: Der Akademie wurden die Gelder vorenthalten, um die sie gebeten hatte.

Letourneurs Ausgabe regte Ducis an, neue «Shakespeare-Stücke» zu schreiben. 1783 erschien sein «König Lear», ein Jahr darauf beendete er die Tragödie «Macbeth», die er bereits vor «König Lear» begonnen hatte. In den neunziger Jahren kehrte er abermals – nun bereits zum dritten Mal – zu Shakespeare zurück und schrieb «Die heilige Johanna» (1791) und «Othello» (1792).[114] In der Vorrede zum letztgenannten Stück äußerte Ducis einen Gedanken, der den greisen Voltaire hätte in Schrekken versetzen müssen. Das Hauptziel des Dichters, erklärte Ducis, bestünde darin, seinem Volke zu gefallen. Ducis sagte das, weil er die Eigenständigkeit seiner Shakespeareadaption, die in Übereinstimmung mit der klassizistischen Ästhetik erfolgt sei, rechtfertigen und ein weiteres Mal dem französischen Klassizismus seinen Tribut zollen wollte. Er behauptete, daß Shakespeare den Franzosen, die im Geiste der großen Vorbilder Corneille und Racine erzogen worden seien, in seiner ursprünglichen Form nicht gefallen könne, doch gerade dadurch wurde die Idee von der Totalität des klassizistischen Geschmacks in Frage gestellt!

Übrigens erfuhr der große Klassizist nichts davon. Die letzten vier Bearbeitungen erschienen erst, als Ducis, nachdem er am 4. März 1779 seine Antrittsrede und entsprechend der festgelegten Ordnung die Laudatio auf seinen Vorgänger[115] gehalten hatte (in diesem Falle ganz aufrichtig), in der Akademie Voltaires Sessel einnahm.

Doch noch zu Lebzeiten Voltaires veröffentlichte die englische Essayistin Elizabeth Montagu im April 1769 die anonyme Schrift «Versuch über Shakespeares Genie und Schriften, in Vergleichung mit den dramatischen Dichtern der Griechen und Franzosen». Im Jahre 1777 gab sie, als sie sich in Paris aufhielt und Zeugin (in einem gewissen Maße auch Beteiligte) der durch Letourneurs Übersetzungen ausgelösten literarischen Auseinandersetzung wurde, ihre alte Arbeit in französischer Übersetzung und unter dem Titel «Apologie Shakespeares, geschrieben als Erwiderung auf die Kritik des Herrn Voltaire» heraus.

Die Schrift von Mrs. Montagu nimmt in der Shakespeareforschung nicht gerade einen Ehrenplatz ein. Die heutige Geschichte der Shakespearekritik beurteilt sie mehr als bescheiden. Doch die Zeitgenossen (mit Ausnahme vielleicht Samuel Johnsons) beeindruckte sie stark. Das Werk erlebte mehrere Nachauflagen (bereits mit Angabe des Namens der Verfasserin); es wurde ins Deutsche übersetzt und spielte bei der Propagierung Shakespeares außerhalb Englands durchaus eine Rolle. Zwar besaßen die Deutschen zu dieser Zeit schon eine achtbändige Prosaübersetzung von zweiundzwanzig Shakespeare-Dramen, die Christoph Martin Wieland (1733–1813) besorgt und in den Jahren 1762–1766 herausgegeben hatte, doch wurde diese Übertragung, obwohl sie großes Interesse fand und nach Goethes späterem Urteil flüssig, gut und verständlich angefertigt war, von den Kritikern angegriffen, die Wieland vieler Auslassungen und Fehler bezichtigten. Johann Joachim Eschenburg (1743 bis 1820), der Elizabeth Montagus Schrift 1771 ins Deutsche übersetzt hatte, trat einige Jahre später mit einer eigenen Übersetzung Shakespeares, die vollkommener war als Wielands, an die Öffentlichkeit.[116] Die französische Übersetzung der Schrift von Elizabeth Montagu erfreute sich ebenfalls großen Zuspruchs und ermutigte die «Partei Shakespeares» in Paris.

Voltaire hielt es für angebracht, seiner englischen Opponentin zu antworten. Das erschien ihm so wichtig, daß er darin einen der Gründe für seine letzte Reise nach Paris im Jahre 1778 sah.

Im Februar 1778 kam der dreiundachtzigjährige Voltaire nach siebenundzwanzigjähriger Abwesenheit wieder in die französische Hauptstadt. Unter seinen Schriftstücken befand sich eine ausführliche Antwort an Mrs. Montagu, die er in den letzten Monaten des vorangegangenen Jahres konzipiert hatte. Dieser neue «Brief an die Académie Française» wurde als Vorwort zur Erstausgabe der Tragödie «Irène» veröffentlicht, des letzten Dramas von Voltaire, das sechzig Jahre nach dem «Ödipus», seiner ersten Tragödie, uraufgeführt wurde. Am 19. März wurde der «Brief an die Académie Française» auf deren Tagung verlesen und mit stürmischem Beifall aufgenommen.

Diesmal verhielt sich Voltaire sehr würdevoll. Der Brief enthielt keine heftigen Äußerungen und polemischen Übertreibungen.

Voltaire wollte nicht vorrangig Shakespeares Mängel aufzeigen (die gewohnten Argumente wiederholte er in zurückhaltenderer Form), sondern verteidigte vielmehr die Vorzüge der Kunstrichtung, der er sich verpflichtet fühlte.

Nach seiner Arbeit am Kommentar zu Corneille, an dem Voltaire zu seiner eigenen Überraschung eine ganze Reihe von Mängeln entdeckte, kam er unwiderruflich zu der Meinung, daß das Werk Racines den Gipfelpunkt des französischen Klassizismus darstelle. Der Huldigung dieses Dramatikers ist auch der Hauptteil des «Briefes an die Académie Française» (1778) gewidmet. Voltaire sah in Racine «denjenigen unserer Dichter, der sich der Vollkommenheit am ehesten genähert hat».[117] Er hat «der Dichtung jene Geschmeidigkeit, jene unwandelbare Harmonie verliehen, die wir vor ihm nicht gekannt haben, den geheimnisvollen und unsagbaren Charme, der dem Zauber, der von Vergils Buch 4 ausgeht, in nichts nachsteht, ein derart betörendes Wonnegefühl, daß man nach der Lektüre von zehn oder zwölf Versen in einem seiner Stücke den sehnlichen Wunsch verspürt, alle anderen zu lesen.»[118] Von dieser Güte sei Racine als Dichter. Denkt man über den Dramatiker Racine nach, so müsse man auch hier von der «unwahrscheinlichen Subtilität seiner Schöpfungen sprechen, von seiner großen Kunst, eine Tragödie zu entwerfen, mit raffinierten Mitteln das Interesse wachzuhalten und einen ganzen Akt mit einem Gefühl zu erfüllen.»[119] Nach Racine habe die dramatische Kunst eine bisher nicht gekannte Höhe erreicht. Das gelte nicht nur für das Drama, sondern für die gesamte Literatur. «Man kann heute keinen echten Erfolg erringen ohne jenes Ebenmaß, jene Reinheit des Stils, die allein einem Talent ermöglicht, sich in seinem ganzen Glanz zu entfalten und ohne die es nur Kraft offenbaren würde, wobei es bei jedem Schritt vor Schwäche umfiele und aus den Wolken in den Schmutz stürzte.»[120]

Deshalb wollte Voltaire der «klugen und gebildeten Dame»[121] auch nicht nachgeben, der «verehrten Londoner Bürgerin, die in so verzeihlicher Weise für ihre Heimat Partei ergreift.»[122] Er fand ihre Kritik Corneilles berechtigt, denn er selbst hatte eine Reihe Mängel an ihm entdeckt. Dennoch sei Corneille ein großer Dichter, der Begründer der Dramatik, die sich im Werk Racines zu wahrer Größe erhoben habe, jener Dramatik, die auf gutem Geschmack und gesundem Verstand beruhe. Das sei die Dramatik eines aufgeklärten Jahrhunderts, während Shakespeare barbarischen Zeiten angehöre. Keinesfalls ließe sich der Verfasser dieses Sendschreibens in seiner Polemik gegen die verehrte Londoner Bürgerin von nationalen Vorurteilen leiten. «Die echten Schriftsteller verabscheuten in Frankreich immer jene hochmütige und kleinliche Rivalität, jene empörende Selbstsucht, die sich unter der Maske der Liebe zur Heimat verbirgt und manche veranlaßt, die erfolgreichen Talente unter ihren Mitbürgern, die in früherer Zeit geschaffen haben, gegenüber den Qualitäten irgendeines Ausländers nur aus dem Grunde zu bevorzugen, um sich ihrem Ruhme anzuschließen.»[123] Doch «möge sich England mit seinen großen Leuten begnügen, die ihm auf so vielen Gebieten Ansehen eingebracht haben»[124] und nicht Ansprüche auf unverdiente Lorbeeren in der Musik, Malerei und Dramatik erheben. Die Franzosen hätten auch nicht sofort die Gipfel der Kunst erklommen. Aber sie folgten den Regeln des guten Geschmacks und versuchten sich zu vervollkommnen. «Was sollten die Engländer tun? Genau das, was die Franzosen getan haben – besser werden.»[125]

Der «Brief an die Académie Française» zog das Fazit aus dem über Jahrzehnte andauernden Streit, der die Evolution der Vorstellungen vom Theater und des Geschmacks in Frankreich und in einem bestimmten Maße auch in England widerspiegelte. Es läßt sich keinesfalls sagen, daß dieser Streit zugunsten Voltaires entschieden wurde. Der Patriarch von Ferney hatte nicht nachgegeben. Doch hatte man ihn längst umgangen, und die Festung, die er verteidigte, verlor mit der Zeit jegliche strategische Bedeutung.

Das bewiesen bereits die nächsten Jahre. Trotz des starken Gegenangriffs, den Voltaire gegen Letourneur führte, wuchs dessen Abonnentenzahl kontinuierlich, und er beendete die Ausgabe in aller Gelassenheit, ohne auch nur seinem anerkannten Opponenten etwas zu erwidern. Die Zahl der Shakespeare-Verehrer in Paris nahm nicht ab, sondern zu.

Im weiteren Verlauf der Entwicklung wurde deutlich, daß es sich hierbei keineswegs um einen zufälligen Geschmackswandel handelte, sondern dies alles vielmehr Ausdruck einer Gesetzmäßigkeit war. Von Jahr zu Jahr trat sie immer deutlicher in Erscheinung. «Das 18. Jahrhundert hat versucht, die Tragödie wiederzubeleben; doch seine Arzneien töteten sie endgültig»,[126] schrieb G. Lanson. Tatsächlich waren mit Voltaires Werk alle Möglichkeiten der klassizistischen Tragödie ausgeschöpft. Voltaire hat die beiden folgenden Richtungen innerhalb der französischen Dramatik vorbereitet: die revolutionär-klassizistische und die romantische. Der revolutionäre Klassizismus und die ihm nachfolgende Tragödie des Empire ließen jedoch die klassizistische Tragödie hinter sich, und die Romantik versuchte, sie gänzlich auszulöschen.

Diderot und andere

In der Zeit, in der Voltaire Nachhutgefechte gegen Shakespeare führte, stellte es sich heraus, daß jener noch einen Anhänger besaß, nämlich Diderot. Sein lebhaftes Interesse für England beschränkte sich nicht auf Richardson und das bürgerliche Trauerspiel. Auch für Diderot führte kein Weg an Shakespeare vorbei.

Diderots Verhältnis zu Shakespeare entwickelte sich anders als bei Voltaire. Er hat ihn nicht entdeckt, nie etwas unmittelbar von ihm übernommen, und er änderte auch nicht wie Voltaire den Standpunkt.

Als die «Philosophischen Briefe» erschienen, war Diderot bereits einundzwanzig Jahre alt. Er hat sie bestimmt gelesen, denn er verfolgte Voltaires Schaffen mit größter Aufmerksamkeit. Es ist natürlich möglich, daß Diderots Interesse für Shakespeare unabhängig von Voltaire erwacht war. Voltaire war, wie gesagt, nicht der einzige Franzose, der bei den Engländern die Dimensionen des Geschmacks zu studieren begann. Als Lehrer wählten sie natürlich die Engländer, mit denen sie noch am ehesten übereinstimmten, die die Positionen des Klassizismus uneingeschränkt vertraten, gleichzeitig jedoch die Beziehung zur eigenen Nationalkultur wahrten. Zu ihnen gehörten nicht nur Bolingbroke und Chesterfield, die Voltaire beeinflußt hatten, sondern auch Anthony Ashley Cooper Shaftesbury (1671–1713), der dieselbe Meinung über Shakespeare vertrat, wie sie Chesterfield in seinen «Briefen an seinen Sohn Philip Stanhope über die anstrengende Kunst ein Gentleman zu werden» formuliert hatte. Von diesen drei Autoren weckte Shaftesbury Diderots besonderes Interesse. 1745 hatte er den letzten Teil der «Characteristics of men, manners, opinions and times («Über Menschen, Sitten, Meinungen und Zeiten», 1711) von Shaftesbury unter der Überschrift «Versuch über das Verdienst und die Tugend» übersetzt. Die zweite Ausgabe, die der Übersetzung zugrunde lag, erschien 1714. Kurzum: Diderot zählte zu den «mit Englang sympathisierenden Franzosen», die sich den Standpunkt der «mit Frankreich sympathisierenden Engländer» aneigneten.

Wenn Diderot und Voltaire aus denselben Quellen schöpften, unterstrich das nur die Verwandtschaft ihrer Positionen. Jedenfalls schien das so auf den ersten Blick. Gewöhnlich äußerte sich Diderot über Shakespeare in ähnlicher Weise wie Voltaire. Studiert man jedoch den Kontext, stellt man fest, daß ihre Äußerungen keineswegs identisch sind.

Diderot war neunzehn Jahre jünger als Voltaire und viel radikaler als er. Es darf nicht übersehen werden, daß für Diderot nicht die klassizistische Tragödie, sondern die «mittlere Gattung» der Ausganspunkt seiner Überlegungen war. Zwar begründete Diderot seine Theorie von der «mittleren Gattung» erst im Jahre 1757, doch konnte er diesen Begriff bereits kennenlernen, ehe er ihn sich zu eigen machte: Den Terminus «mittlere Gattung» hatte nämlich nicht Diderot erstmals formuliert, sondern Bernard Le Bouvier de Fontenelle (1657 bis 1757), ein erfolgloser Dramatiker, der sich später als Essayist und Kritiker einen Namen machte. In seinem «Préface générale» sprach er über die Notwendigkeit, neue Formen zu schaffen, «die weder reine Tragödien, noch reine Komödien seien, sondern zu der einen oder anderen Gattung tendieren werden, mehr zu der einen als zu der anderen», etwa wie Grün aus Gelb und Blau entsteht, doch deren Korrelation unterschiedlich sein kann.[127] Es darf auch nicht übersehen werden, daß Diderot seine Begeisterung über George Lillos Tragödie «George Barnwell oder der Kaufmann von London», die ihn zur Begründung einer Ästhetik der «mittleren Gattung» anregte, bereits im Jahre 1748 geäußert hatte. Deshalb ist der Unterschied zwischen Diderots und Voltaires Standpunkt hinsichtlich Shakespeares (bis in die Details) unschwer zu erkennen.

1751 schrieb Diderot seinen umfangreichen, etwa achtzig Druckseiten umfassenden «Brief über die Taubstummen. Zum Gebrauch für die Hörenden und Sprechenden», in dem er behauptete, daß Gebärden eine Universalsprache seien, die sich sogar für den Umgang zwischen Menschen eigne, die in verschiedenen Sprachen redeten. Neben dem Bericht über eigene Erfahrungen und Beispielen, die aus dem Leben gegriffen waren, berief sich Diderot auf die berühmte nächtliche Szene aus «Macbeth», in der die schlafwandelnde Lady Macbeth das Blut des Königs von ihren Händen abzuwaschen versucht.[128] Ebenfalls in den fünfziger Jahren äußerte Diderot in den «Unterredungen über den ‹Natürlichen Sohn›», daß im französischen Drama zu viel geredet und zu wenig gespielt werde, und setzte die Diskussion über die Pantomime als vernachlässigten Bestandteil einer Bühnenaufführung fort, die er im Grunde genommen bereits im «Brief über die Taubstummen» begonnen hatte. Mit anderen Worten: Diderot brauchte Shakespeare zur Bestätigung eines sehr wichtigen Teils seiner Ästhetik, und zwar genau des Teils, in dem er in einen deutlichen Widerspruch zu Voltaire geriet. Jener protestierte bekanntlich, je älter er wurde, um so heftiger gegen die Betonung der Handlung bei der Aufführung seiner Stücke.

Wenn man sich in Diderots Äußerungen über Shakespeare vertieft, die allgemeinerer Natur sind, stellt man fest, daß sie ebenfalls nicht mit denen Voltaires übereinstimmen. In den «Unterredungen über den ‹Natürlichen Sohn›» (1757) wandte sich Diderot mit der gleichen Heftigkeit wie Voltaire gegen das Vermengen der hohen und der niederen Gattungen innerhalb eines Stückes, was auf die «meisten dramatischen Stücke der Engländer» zutreffe, wobei sich Otways «Befreites Venedig» und Shakespeares «Hamlet» noch hervortäten. In dem ein Jahr darauf entstandenen Traktat «Von der dramatischen Dichtkunst» (1758), in dem neue Strafpredigten gegen die Kontraste gehalten wurden, steht jedoch folgendes: «Der Fehler des Shakespeare ist nicht der größte, in welchen ein Dichter fallen kann. Er zeigt bloß von wenig Geschmack.»[129]

«Wenig Geschmack» ist das Mildeste, was man 1758 über Shakespeare sagen konnte, als alle bereits spürten, daß Voltaire seine Einstellung zu dem englischen Dramatiker revidiert hatte.

Überhaupt neigte Diderot zu Nachsicht, wenn er auf diese oder jene Mängel Shakespeares verwies, die die französische Kritik gewöhnlich hervorhob. Das ist nicht weiter verwunderlich, denn sobald von der «Barbarei» des englischen Theaters die Rede war, tauchte neben Shakespeare die Gestalt George Lillos als Beispiel dafür auf, daß sich die Engländer noch immer nicht von ihrer «Barbarei» befreit hätten. In dieser Hinsicht bildete sogar Mercier keine Ausnahme, der im Jahre 1769, also einundzwanzig Jahre nach der Übersetzung des «Kaufmanns von London» ins Französische, eine eigene Fassung dieses Stückes schuf, die, wie er meinte, den Forderungen des guten Geschmacks entsprach. In der Vorrede zu seinem Stück «Jenneval, ou Le Barnvelt françois» schrieb er, daß, obwohl in Lillos Stück «Wahrheit und ergreifende Empfindsamkeit herrschen, die die Seele eines Dramas ausmachen», es einer Bearbeitung bedürfe, da es alle Mängel des englischen Theaters aufweise, und zwar einen «chaotischen Aufbau», keine «durchgehende Handlung» und eine «Verbindung des Abstoßenden mit dem Erhabenen.»[130] Was Diderot betraf, so sah er in Lillos Stück ein nachahmenswertes

Beispiel für die Freiheit der Form, von dem auch das bürgerliche Trauerspiel in Frankreich profitieren sollte, wobei er in diesem Zusammenhang ebenfalls Shakespeare mit einem Lob bedachte. «Die Engländer haben den ‹Kaufmann von London› und den ‹Spieler›, beides prosaische Trauerspiele. Die Tragödien des Shakespeare sind halb in Versen, halb in Prosa. Der erste Dichter, der uns in Prosa zu lachen machte, führte die Prosa in der Komödie ein. Der erste Dichter, der uns in Prosa wird zu weinen machen, wird die Prosa in die Tragödie einführen»,[131] schrieb er in den «Unterredungen über den ‹Natürlichen Sohn›».

Diderot benötigte Shakespeare ein weiteres Mal in seinen Reflexionen über das bürgerliche Drama. Im «Paradox über den Schauspieler» (1773) entgegnete er denjenigen, die Michel Sedaine, einem ehemaligen Maurer, mangelndes Formempfinden vorwarfen: «Aber können Sie mir, ohne Sedaine einem Voltaire oder Voltaire einem Sedaine vorziehen zu wollen, nicht vielleicht sagen, was aus dem Kopf des Verfassers des ‹Unbewußten Philosophen›, des ‹Deserteurs› und des ‹Geretteten Paris› hervorgegangen wäre, wenn er, anstatt fünfunddreißig Jahre seines Lebens damit zu verbringen, Gips zu verschmieren und Steine zu behauen, diese Zeit wie Voltaire, Sie und ich dazu verwendet hätte, Homer, Vergil, Tasso, Cicero, Demosthenes und Tacitus zu lesen und zu durchdenken? Wir werden nie so sehen können wie er, aber er hätte gelernt, so zu reden wie wir. Ich sehe in ihm einen Urenkel Shakespeares – jenes Shakespeare, den ich weder mit dem *Apoll von Belvedere* noch mit dem *Borghesischen Fechter,* noch mit dem Antinous, noch mit dem Herakles des Glykon vergleichen will, sondern mit dem *Heiligen Christophorus* von Notre-Dame, einem unförmigen, grobgemeißelten Riesen, zwischen dessen Beinen wir alle durchgehen könnten, ohne mit unserer Stirn seine Schamteile zu berühren.»[132]

Um die Radikalität dieser Äußerung eines Menschen, der allenthalben als Freund Voltaires galt, richtig beurteilen zu können, darf man nicht vergessen, welche Leidenschaften bereits seit Beginn der sechziger Jahre um den Namen Shakespeare entbrannt waren: Voltaires «Appell an alle europäischen Nationen», dessen Erscheinen bereits zwölf Jahre zurücklag, hatte erst Öl aufs Feuer geschüttet und den Ton der Anhänger Shakespeares aggressiver gemacht.

Unter den Bedingungen, unter denen die literarische Welt in dieser Frage immer deutlicher in zwei Parteien zerfiel, unterstützte Diderot die Freunde Shakespeares. Und er tat dies verhältnismäßig früh. In Band XV der «Enzyklopädie» (1765) erschien ein Beitrag von Louis Chevalier de Jaucourt, eines Mitarbeiters dieser Ausgabe, der in seinem euphorischen Ton alles übertraf, was in dieser Zeit (und auch danach) über Shakespeare gedruckt wurde. Jaucourt stellte Shakespeares Mängel nicht in Abrede. Er meinte, daß der englische Dramatiker bisweilen zu «trivialer Komik» neige; neben hervorragenden Szenen gäbe es auch schwache. Doch all das könne man ihm nachsehen, denn er besäße eine reiche Phantasie, sei ein Genie und schreibe in einem prächtigen Stil. Überhaupt «begegne man in seiner Person dem bedeutendsten Dramatiker der Neuzeit». «Shakespeare», fuhr Jaucourt fort, «ist unser originellster Dichter, er hat es einfach nicht nötig, die Dramatiker der Antike nachzuahmen», sie seien für ihn «weder Rivalen, noch Vorbilder.»[133] Die «Regellosigkeit» seiner Stücke sei Ausdruck seiner Naturverbundenheit, seines ursprünglichen Genies. Wenn einige Züge seiner Stücke jemanden schockieren können, dann dürfe man nicht vergessen, daß sich darin seine überschüssige Kraft entäußere. Er habe «eine lebhafte, starke, reiche und kühne Phantasie»,[134] seine Personen seien lebendige Menschen, und selbst ein Gespenst erscheine bei ihm menschlich überzeugend. Dunkel und verworren käme Shakespeare nur denjenigen vor, «die seine Schönheiten nicht entdecken konnten.»[135] Die Menschen, die ihn verstanden haben, könne er gleichermaßen leicht zum Weinen und zum Lachen bringen. Man habe Shakespeare Mangel an Bildung und Wissen vorgehalten, fuhr Jaucourt fort, doch dieser Vorwurf sei einfach lächerlich. Shakespeare besäße «eine genaue Vorstellung von der neuen und alten Geschichte, der Mythologie, von allem, was das Wesen poetischer Bildung ausmacht.» Er kenne «nicht nur die Mentalität, sondern auch die Sitten der alten Römer.»[136] Natürlich bestehe die Gefahr, daß man nur Shakespeares Vorzüge sähe, doch in gewissem Sinne profitiere dieser Dramatiker sogar von seinen Schwächen, offenbarten sie doch seine Genialität, «wie die Verletzung der Proportionen und eine unmäßige Taille der Figur mitunter ein noch gigantischeres Aussehen verleihen können.»[137]

Erinnert dieser letzte Satz nicht an Diderots Worte über den heiligen Christophorus in der Pariser Kathedrale Notre-Dame?

Dennoch kann man nicht sagen, daß Jaucourts Artikel absolut kompromißlos sei. Obwohl Jaucourt die großen Schwächen der französischen Shakespeare-Übersetzungen beklagt, enthält sein Beitrag Voltaires Übertragung des Hamlet-Monologs, die, verlangt man von einer Übersetzung Texttreue, geradezu ein Musterbeispiel für Unvollkommenheit darstellt. Und auch der

Titel ist klug, fast möchte man sagen, mit Kriegslist gewählt. Er lautet: «Stratford-upon-Avon». Offenbar wollte er nicht, daß Voltaire ihn entdeckte und las . . .

Dieser Geist des Kompromisses äußerte sich noch spürbarer in der neuen Ausgabe der Enzyklopädie (in quarto). Der (anonyme) Artikel über Shakespeare trägt diesmal seinen Namen; er enthält viele respektvolle Bemerkungen über ihn, wobei hervorgehoben wird, daß «Shakespeares schauspielerisches Talent ebenso groß sei wie sein dichterisches» («er hat die Rolle des Gespenstes glänzend interpretiert»,[138] merkt der Verfasser an), und wenn Molière als der französische Aristophanes bezeichnet werden könne, dann sei Shakespeare der englische Sophokles.

Der Beitrag enthält auch eine Art «propagandistischen» Passus: Mit allen möglichen Mitteln wird auf die Protektion verwiesen, die Shakespeare durch angesehene und einflußreiche Personen erfuhr, wie auf den Umstand, daß er allein durch seine literarische Arbeit zu einem großen Vermögen gekommen sei. Das ist eindeutig auf die Franzosen gemünzt.

Im letzten Abschnitt des Artikels wird jedoch Voltaires Standpunkt, wie er ihn bereits im Achtzehnten Philosophischen Brief geäußert hatte, wiedergegeben: «Die Natur vereinigte in diesem Dichter unübertroffene Kraft und Göße mit seelenloser Brutalität und allem Gemeinsten und Abstoßenden.»[139] Diese Worte klangen im Jahre 1774 ganz anders als vierzig Jahre zuvor, denn seitdem war über Shakespeare sehr viel Zutreffendes gesagt worden.

Natürlich kann die Enzyklopädie nur eine indirekte Vorstellung von Diderots Ansichten vermitteln. Diese Ausgabe erschien unter sehr komplizierten Bedingungen, und es ist hinreichend bekannt, wie oft Diderot auf die Zensur Rücksicht nehmen mußte. Außerdem spielten hier auch literaturpolitische Überlegungen eine bestimmte Rolle. Obwohl Diderot kein Kompromißler war, bemühte er sich doch, das in seinen Kräften Stehende zu tun, um die Einheit der Vertreter der Aufklärung zu erhalten. Ein Mensch von anderer Geisteshaltung hätte schwerlich ein so kompliziertes und gefährliches Unternehmen wie die Herausgabe der «Enzyklopädie» bewerkstelligt. Was den erwähnten zweiten Artikel über Shakespeare anbelangt, so hat ihn Diderot vermutlich aus bestimmten Gründen nicht gelesen. Das beweist ein Umstand: Dieser Artikel bleibt hinter dem Wissensstand seiner Zeit zurück, und dieser Fakt wäre Diderot nicht entgangen. Bereits in dem Ende der sechziger Jahre geschriebenen Buch «Vom Menschen» von Claude-Adrien Helvétius (das 1773 – zwei Jahre nach dem Tode seines Verfassers

– in Den Haag erschien) heißt es, daß Shakespeare ein mittelmäßiger Schauspieler und der Geist von Hamlets Vater die einzige Rolle gewesen sei, die er gut gespielt habe. Diderot hat das Buch von Helvétius im Erscheinungsjahr gelesen, oder anders gesagt: ein Jahr vor dem Erscheinen des anonymen Artikels über Shakespeare in der zweiten Ausgabe der «Enzyklopädie».

Glücklicherweise haben wir die Möglichkeit, Diderots eigene Einstellung zu Shakespeare zu ergründen, wie sie sich in dieser Zeit entwickelte. Das eben erwähnte Buch von Helvétius bietet sie uns. Im Jahre 1773 schrieb Diderot in Den Haag, wo er auf seiner Rußlandreise einen Zwischenaufenthalt einlegte, und fünf Monate später in derselben Stadt auf der Rückreise seine «Widerlegung des Buches ‹Vom Menschen› von Helvétius». Darin heißt es, daß Shakespeares Originalität in der «außerordentlichen, unbegreiflichen, unnachahmlichen Mischung des Geschmackvollsten und des Geschmacklosesten, vor allem an der Wunderlichkeit dieses Geschmacklosen»[140] liegt.

Sie weist auch die umfassendste Anerkennung Shakespeares auf, zu der Diderot fähig war, der als Dramatiker sowohl hinsichtlich Shakespeares als auch (freilich in geringerem Maße) hinsichtlich des Klassizismus in seinen alten Formen eigenständig war. «Ich schließe mit der Bemerkung, daß ich mich noch mehr mit dem Monstrum Shakespeares befreunden könnte als mit der Vogelscheuche von Ducis»,[141] erklärte er nach dem Erscheinen der Bearbeitungen dieses gar nicht so schlechten Literaten. Diderot hatte eine eigene theatralische Sendung, die mit seinem gesamten ästhetischen System zusammenhing, und in den siebziger Jahren verlief der Streit um Shakespeare bereits vor einem anderen literarischen und theatralischen Hintergrund. Das bürgerliche Drama (die «mittlere Gattung») setzte sich auf der französischen Bühne durch und expandierte bereits in andere Länder des europäischen Kontinents.

Jetzt wurde Shakespeare häufig mit dieser neuen Richtung der Bühnenkunst ins Verhältnis gesetzt, das sich sehr kompliziert gestaltete.

Das Theater sei kein Ort für Predigten, betonte Diderot immer wieder. Der Zuschauer müsse das Theater erschüttert verlassen. Der Weg zu seinem Verstand führe ausschließlich über seine Gefühle. Diese könne man natürlich besser erreichen, wenn die Situation der Figuren der Situation des Zuschauers nahekommt. Deshalb war Diderot, ohne die allgemeinmenschlichen Züge zu negieren, die die Tragödie des Klassizismus oder Shakespeares Tragödie aufweisen (letzterer wird in diesem Sinne oft bevorzugt), dennoch dafür, den Alltag darzustellen. Dies machte das theatralische Wesen seines bürgerlichen Dramas aus.

Die Kalamität bestand allerdings darin, daß Diderot in der Beurteilung des eigenen dramatischen Schaffens nicht müde wurde sich vorzuwerfen, auch er neige zum Predigen und zu Schulmeisterei. Lessing, ebenfalls Adept des «bürgerlichen Trauerspiels» und künstlerisch zweifellos begabter, verspottete in seiner «Hamburgischen Dramaturgie» Diderots «Natürlichen Sohn» wegen der «neumodischen philosophischen Sentenzen», was ihn übrigens nicht davon abhielt, beide «bürgerliche Dramen» Diderots und die ihnen beigegebenen Traktate in eigener Übersetzung zweimal herauszugeben. Offenbar war in der neuen Gattung von vornherein ein organischer Widerspruch angelegt, der, übersetzt man ihn in die Sprache der damaligen philosophischen Begriffe, in der Schwierigkeit bestand, Gefühl und Verstand in Einklang zu bringen. Wenn das «Gefühl» die Emotionen des Zuschauers beeinflussen sollte, dann verlangte der «Verstand», die Forderungen klar zu formulieren, die an einen tugendhaften Menschen gestellt werden mußten. Die Grundkonstellation des Künstlers Diderot stimmte mit der des Philosophen Diderot überein. Er war kein unbeteiligter Beobachter, sondern ein Lehrer des Lebens, und seine Selbstvorwürfe, auch er predige, sollte man nicht zu wörtlich nehmen. Diderot verzichtete nicht darauf, den Zuschauer zu belehren, aber er wollte dies nicht mit Worten, sondern mit Hilfe überzeugender, aus dem Leben gegriffener Beispiele tun. Er klagte sich dafür an, daß ihm das nicht immer gelang. Dieses Streben nach einer ideellen Grundlage war auch das stärkste Band, das ihn mit dem Klassizismus verknüpfte. Die «Ordnung» des klassizistischen Dramas verhinderte gerade unterschiedliche Lesarten, ermöglichte es, sich in den geäußerten Gedanken zu vertiefen und die Aufmerksamkeit des Zuschauers auf ihn zu konzentrieren. Wir würden das klassizistische Drama heute als «intellektuelles» Drama bezeichnen, und Diderot dachte natürlich nicht daran, sich von dieser Intellektualität loszusagen. Er glaubte nur nicht, daß die Intellektualität an alle Vorschriften und gar Details der klassizistischen Ästhetik gebunden sei. Diderot war ebenfalls für eine strenge Form, doch durfte diese nicht die unbegrenzte Gestaltung der Wirklichkeit ausschließen.

In dieser Hinsicht war Diderots ständige Sorge um eine überzeugende Inszenierung sehr bezeichnend. Er wehrte sich dagegen, daß der Schauspieler «eine symmetrische Aufstellung befolgen müsse»,[142] sondern schlug vielmehr vor, jede Inszenierung als Bild zu betrachten. «Die theatralische Aktion muß noch sehr unvollkommen sein, weil man auf der Bühne fast keine einzige Stellung siehet, aus welcher sich eine erträgliche Komposition für die Malerei machen ließe. Ist denn die Wahrheit hier weniger unentbehrlich als auf der Leinewand? Sollte es ein Grundsatz sein, daß man sich von der Sache selbst um so viel weiter entfernen müsse, je näher ihr die Kunst ist, und daß man in einen lebenden Auftritt, wo man wirkliche Menschen handeln siehet, weniger Wahrscheinlichkeit legen müsse als in einen gemalten Auftritt, wo man, so zu reden, nur die Schatten von ihnen erblickt?»[143]

In diesen Worten Diderots äußert sich mehr als lediglich das Streben nach Natürlichkeit. Diderot hat – wie übrigens auch Lessing – wiederholt erklärt, das Theater bewege sich an der Grenze zwischen den darstellenden Künsten und der Kunst des Wortes, und seine Gedanken über die Inszenierung als «Komposition, die für die Malerei üblich sei», sind lediglich partieller Ausdruck dieser allgemeinen Ansicht. Denken wir nur daran, daß die beiden bedeutendsten Realisten der Aufklärungsepoche in Europa – Diderot und Lessing – sich nicht nur mit Fragen des Theaters, sondern auch mit Fragen der Malerei professionell auseinandersetzten. Lessing schrieb seinen «Laokoon». Diderot arbeitete viele Jahre an seinen «Salons». Sollten sie nicht gewußt haben, daß die Malerei ebenfalls bestimmten Gesetzen unterworfen war? Gerade dem Künstler Diderot mußte es jedoch barbarisch vorkommen, die komplizierten Gesetze der Malerei auf die Grundgesetze der Symmetrie zu reduzieren.

Diderot plädierte für eine «organisierte» Kunst – nur wollte er sie nach neuen Gesetzen organisieren und dabei alles Brauchbare von den Alten übernehmen. Deshalb konnte er die «Regellosigkeiten» des englischen Dramas nicht dulden, deshalb beneidete er aber auch dessen Freiheit, die es ihm ermöglichte, das Alte umzugestalten. Diese Freiheit der Form war für ihn umso attraktiver, als er in ihr die Widerspiegelung der politischen Freiheit sah, die das englische Volk im Gegensatz zum französischen besaß. Dies hat Shaftesbury zu seiner Zeit gesagt, und Diderot stimmte mit ihm völlig überein.

Doch Diderot war für Freiheit, nicht aber für Gesetzlosigkeit. Im Jahre 1771 erklärte Herder in seinem Aufsatz über Shakespeare, auf den wir noch zurückkommen werden, daß Shakespeares Werk auch eigenen Gesetzen unterworfen sei. Herder war jedoch einunddreißig Jahre jünger als Diderot, und der französische Philosoph vermochte diese Position nicht so exakt zu formulieren. Seine Beziehung zu Shakespeare war in dieser

Hinsicht viel komplizierter. Diderot stellte Shakespeares Genialität nicht in Frage; denn das Genie ist der ständige Verbündete von Menschen, die mit Hilfe der Kunst etwas von der Wahrheit des Lebens wiederzugeben versuchen. Er aber war ein sehr gefährlicher Verbündeter.

Nach der begründeten Meinung des Krakauer Ästhetikers Wladyslaw Folkierski, des Verfassers eines der besten Bücher über die Kultur der Aufklärungsepoche, hat das 18. Jahrhundert versucht, ohne sich vom Erbe des 17. Jahrhunderts loszusagen, dieses zugleich zu ergänzen. Das äußerte sich vor allem in der Rehabilitierung des Subjektiven. «Das Jahrhundert, das Descartes folgte und Kant hervorbrachte, änderte den Standpunkt über das Schöne: Es lenkte ihn von der äußeren Welt auf die Wahrnehmung des Menschen, der sich über die Schönheit freut.»[144] Außerdem wurde neben der Kategorie des Schönen die Kategorie des Erhabenen eingeführt, die Beispiele für das Schöne herausstellte und damit erhärtete, Beispiele, die bereits nicht mehr in der umgebenden Natur, sondern im Menschen und in der menschlichen Gesellschaft gefunden wurden. Es handelte sich hierbei nicht um eine Absage an die alte Vorstellung vom Schönen, sondern um deren Präzisierung, und zwar um eine ins Detail gehende Präzisierung, die von einem großen inneren Gehalt erfüllt war.

Hier genau wurde das Problem Shakespeare für Diderot auch besonders schwierig. Einerseits freute er sich nicht weniger, als dies etwas später Goethe und Schiller taten, über Shakespeares große Objektivität, dessen «Naturtreue» und die Kraft der von ihm gezeichneten Persönlichkeiten, von denen jede *auf ihre Art* die umgebende Welt wahrnahm und *ihre eigenen* Ziele verfolgte. Doch andererseits stimmte das «Erhabene» bei Shakespeare bei weitem nicht immer und nicht in allem mit dem «Erhabenen» bei Diderot überein. Der französische Philosoph vermißte bei Shakespeare die exakt ausgedrückte Vorstellung vom *anzustrebenden sozialen Ideal.*

Bei einer so verzwickten sozialen und allgemeinästhetischen Konzeption konnte man schwerlich eine eindeutige Einstellung Diderots zur Rolle des Genies in der Kulturgeschichte erwarten, was man ihm übrigens nicht anlasten darf: Es bedeutete schon viel, daß gerade Diderot diese Frage, die sich als eminent wichtig für das Ende des 18. und den Beginn des 19. Jahrhunderts erwiesen hat, in den Vordergrund rückte.

Außerdem ebnete Diderot den Weg für Herder. Nach seiner Auffassung führte das Ignorieren der Regeln, das sich ein Genie leisten konnte, letzten Endes nicht zur Aufhebung der Kunstgesetze, sondern zu deren Erneuerung. Doch im Unterschied zu Herder begann Diderot erst zu vermuten, daß diese neuen Regeln dem Werk Shakespeares bereits zugrunde lagen. Er war davon überzeugt, daß Shakespeare sich nach einem eigenen Gesetz richtete, doch er untersuchte dieses Gesetz nicht. Er unterließ es nicht etwa, weil er dieses Gesetz, wie er meinte, nicht begriff, sondern vielmehr, weil er dieses Gesetz nicht brauchte. Herder kündigte die Romantik an. Diderot machte lediglich den Weg für sie frei, ohne sich dessen bewußt zu sein. Er verfolgte andere Ziele.

Kehrt man zu Diderots allgemeinästhetischen Anschauungen zurück, so erscheint in diesem Zusammenhang seine Überzeugung sehr wichtig, daß der Künstler nie die Natur erreichen könne. Shakespeare aber habe sich ihr mehr als andere genähert, und deshalb könne man von ihm etwas lernen, doch nicht, um sein System zu reproduzieren (wenn ein solches überhaupt existiert) oder gar sich ihm anzuschließen, sondern vielmehr, um ein ganz neues System zu schaffen. Denn in allen Fällen, meint Diderot, in denen der Künstler nicht mit der Natur konform ginge (was unvermeidlich sei), ergänze er das Fehlende durch etwas Eigenes, das er aus persönlichen Vorstellungen und aus seiner sozialen Erfahrung, die von der Zeit geprägt wurde, geschöpft habe. Deshalb könne man, je größer («naturnäher») Shakespeare erschiene, in gewissem Sinne desto weniger von ihm lernen, denn der «Spielraum» zwischen der Natur und dem Künstler, der sie ergänzt und interpretiert, sei bei ihm zu gering. Gerade aber diese Sphäre des «persönlichen Anliegens» des Künstlers sei jetzt so ungemein wichtig! Er müsse den Menschen so vieles sagen – frei heraus und ohne Umschweife! Deshalb zog Shakespeares große Objektivtät Diderot an und stieß ihn gleichzeitig ab. Mochte er diese Objektivität als unausgefeilt bezeichnen – an der Sache änderte das nichts.

Daß sich Shakespeare nicht an die klassizistischen Regeln hielt, weckte in Diderot ebenfalls zwiespältige Gefühle. Einerseits half ihm (wie auch Voltaire) Shakespeares Beispiel, die Diktatur der Regeln zu mildern, wobei er bedeutend weiter ging als Voltaire. Folglich fühlte er sich in diesem Sinne mehr zu Shakespeare hingezogen. Andererseits widersprach Shakespeares Geringschätzung der Regeln (oder, wie man damals glaubte, deren Unkenntnis) Diderots Vorstellungen vom guten Geschmack. Die Rehabilitierung des Subjektiven, von der gerade die Rede war, erforderte auch erhöhtes Interesse für die Besonderheiten der Wahrnehmung des Schönen durch den jeweiligen Menschen und für dessen Vorstellung vom Erhabenen. Doch neben dem persönlichen Geschmack existierte auch noch der herrschende Geschmack des jeweiligen Jahrhunderts oder sogar Jahrzehnts, und der persönliche Geschmack erwies sich in diesem Zusammenhang als Sonderfall des gesellschaftlichen Geschmacks – sonst büßte die Kunst die Fähigkeit ein, in einer Sprache zu reden, die alle verstanden: Gerade auf diese «Allgemeinverständlichkeit» legten die Aufklärer größten Wert. Die «Regeln» waren nach Diderot in gewissem Sinne auch ein «Regulator des Geschmacks», der Allgemeingültiges ausdrückte und das Persönliche dem Gesellschaftlichen unterordnete. Hier näherten sich Diderots ästhetische Ansichten so sehr seinen gesellschaftlichen Anschauungen, daß man sogar das erste als vom zweiten abgeleitet bezeichnen kann. Diderot war davon überzeugt, daß der Weg zu einer gerechten Gesellschaft über den Sieg des «Gemeinsamen» (der Tugend) über das «Private» führte. Doch dürfe das «Private» nicht restlos geopfert werden, denn es ginge hier um die Originalität einer jeden Persönlichkeit (die in bedeutendem Maße den Gegenstand der Kunst ausmache, und die Shakespeare so beeindruckend dargestellt habe), wie auch um ihre Rechte, die im absolutistischen Staat verletzt würden. Deshalb dürfe man das «Private» nicht einfach ignorieren, die Persönlichkeit selbst müsse den Weg vom Privaten zum Gemeinsamen zurücklegen. Die entwickelte Persönlichkeit solle ihren Egoismus überwinden und so im Gemeinsamen aufgehen. Auf diesem Weg vom Privaten zum Gemeinsamen würde die Persönlichkeit nicht abgebaut werden, sondern sich noch stärker entwickeln. Sie entfalte sich erst, wenn sie sich den *gemeinsamen* Normen der Tugend unterordnet. Das ist Diderots Dialektik der Beziehungen zwischen dem Persönlichen und dem Gesellschaftlichen; man darf diese dialektische und soziale Orientierung Diderots nicht aus den Augen verlieren. Andernfalls laufen wir Gefahr, seine Gedanken zu entstellen.

Daß hier vorrangig vom Geschmack und nicht von etwas anderem, unmittelbar sozial Vergegenständlichtem, die Rede ist, ändert an der Sache nichts, da Diderot den Geschmack von sozialen Positionen aus untersucht. Geschmacksurteile seien nicht logisch, sondern intuitiv, meinte Diderot. Doch entbehren sie deshalb nicht der sozialen Grundlage. Sie seien die Frucht vergessener Erfahrung. Der Geschmack erwiese sich als subjektive Auffassung der Realität.

Der subjektive Geschmack mache demzufolge die Regeln nicht überflüssig, sondern noch notwendiger, denn es entstehe das Bedürfnis nach einem originellen Mechanismus, der automatisch das Private dem Gemeinsamen unterordne und es ermögliche, in ein und derselben Kunstsprache zu sprechen, die alle verstünden. Doch «unterordnen» bedeutete für Diderot keinesfalls «auslöschen». Eine derartige Kunstsicht konnte Diderot einfach nicht akzeptieren, denn er war ein Mensch von anderer Geistesrichtung. Liest man ein beliebiges Werk von ihm, etwa über ganz allgemeine philosophische Themen, dann empfindet man ein besonderes Gefühl, das sich durchaus nicht bei allen philosophischen Studien einstellt, ein Gefühl der Freude – die Freude darüber, einer Persönlichkeit zu begegnen. Diderot kennt kein Gesetz, das nur für die einen, und kein Gesetz, das nur für die anderen gilt. Die Dialogform vieler seiner Abhandlungen bedeutet mehr als einfach eine literarische Methode. Diderot begreift die Mannigfaltigkeit der Wahrheit, er verkündet sie nicht, sondern versucht, sich ihr zu nähern. So verfährt er auch mit den «Regeln». Akzeptiert er sie, denkt er zugleich darüber nach, was er dabei verliert, und lehnt er sie ab, verfährt er ebenso.

Dies alles zusammengenommen bestimmte auch Diderots komplizierte Beziehung zu Shakespeare. Diderot hat einen sehr wesentlichen Schritt nach Voltaire vollzogen. Für den Entdekker des englischen Genius war Shakespeare, die Grenzen der Kunst sprengend, ein Konglomerat bedeutender Kunstleistungen. Diderot dagegen sah den ganzen Shakespeare, doch dieses Ganze erschien ihm je nachdem, welchen Blickwinkel er einnahm, bald als Verkörperung von Größe, bald als Beispiel von Disproportionalität. Er hielt ihm dies jedoch nicht vor. Diderot schrieb (möglicherweise unter dem Einfluß von Mandevilles «Bienenfabeln») in «Rameaus Neffe» über die Dissonanz als eine der Bedingungen für die Existenz der Gesellschaft und in den «Salons» über die Dissonanz als Bedingung für die Existenz der Kunst. Dennoch sah er, was leicht zu verstehen ist, bei Shakespeare nicht einfach Dissonanzen, sondern scharfe Kontraste, die für ihn inakzeptabel waren. Trotzdem konnte er nicht auf Shakespeare verzichten. Er wäre – im Gegensatz zu Voltaire – unfähig gewesen, ihn erst zu akzeptieren und dann zu verwerfen. In einigen Fällen berief er sich wie Voltaire auf Shakespeare, um diese oder jene Details seines ästhetischen Systems zu sanktionieren, so in Fragen der Pantomime, wo er das Beispiel von «Macbeth» benötigte. Doch häufiger dienten ihm Shakespeare wie auch Homer, den er wiederholt im Zusammenhang mit ihm erwähnt, zur Erweiterung seiner Vorstellungen von der Kunst in ihren verschiedenen historischen Formen. Diderot, dieser Verfechter einer normativen Kunst, ver-

7*

fügte über ein künstlerisches Denken, das sich über die Normen hinwegsetzte, denn seine Regeln, die Regeln des aufklärerischen Realismus, existierten nicht seit Urzeiten; sie wurden vielmehr in der Gegenwart geschaffen mit dem Ziel, die Normen des Klassizismus zu verdrängen.

Blieb da nicht nur ein kleiner Schritt zu tun bis zu der Kunst, die die Regeln ablehnte, mit anderen Worten – zur Romantik, die in Shakespeare ein in diesem Sinne leuchtendes Vorbild sah?

Tatsächlich findet man bei Diderot Aussagen, die uns berechtigen, in ihm einen Vorläufer der Romantiker zu sehen.

Eine lautet zum Beispiel folgendermaßen:

«Was braucht der Dichter? Eine rohe oder gebildete *(cultivée)* Natur? Eine ruhige oder eine wilde? Wird er die Schönheit eines klaren und heiteren Tages dem Schrecken einer dunklen Nacht vorziehen, wenn das unterbrochene Brausen der Winde ruckweise unter das hohle anhaltende Geräusche eines entfernten Donners stürmet und er den Himmel sich über seinem Haupte entzünden siehet? Wird er den Anblick des ruhigen Meeres dem Anblicke der tobenden Wellen vorziehen? Die stumme und kalte Beschauung *(aspect)* eines Palastes dem Wandeln unter Ruinen? Ein aufgeführtes Gebäude, eine von Menschenhänden bepflanzte Gegend der Dunkelheit eines alten Haines, der unbekannten Grotte in einem wüsten Felsen? Wasserbehältnisse, springende Brunnen dem Anblicke einer Katarakte, die über zerrissene Felsen daherstürzet, daß ihr Geräusche der auf dem fernen Gebirge weidende Hirte mit Grausen höret?

Die Poesie verlangt etwas Ungeheures *(énorme)*, Barbarisches und Wildes. Alsdann, wenn die Wut des bürgerlichen Krieges oder des Fanatismus die Menschen mit Dolchen bewaffnet und Blut in Strömen fließet, alsdann treibet und grünet der Lorbeer des Apollo. Mit Blut will er begossen sein. Er verwelket in den Zeiten des Friedens und der Muße. Das güldene Weltalter hätte vielleicht ein Lied oder eine Elegie hervorgebracht. Die epische und dramatische Poesie verlangen andere Sitten.»[145]

Man möchte am liebsten fragen: Welcher Romantiker hat das gesagt?

Diese romantischen Anwandlungen sind bei Diderot keine Seltenheit, und natürlich mußte ein Mann, der die gerade zitierten Zeilen geschrieben hat, ein besseres Gefühl für Shakespeare haben als Voltaire mit seinem kalten ironischen Verstand.

Dennoch bekannte sich Diderot nicht zur Romantik; er bereitete für sie lediglich den Boden vor. Die Romantiker haben nur wenig von Diderot profitiert. Am ehesten noch das im Alltag verwurzelte romantische Drama, für das Diderot eintrat. Man denke nur an «d'Antony» von Alexandre Dumas (d. Ä.) und «Chatterton» von Alfred de Vigny, doch zwischen Diderots bestem bürgerlichen Drama «Der Hausvater» (1758) und diesen Stücken liegt eine so große Zeitspanne, daß man kaum von einem direkten Einfluß Diderots auf Dumas und de Vigny sprechen kann. Wenn deren Schauspiele mit Diderots verwandt sind, dann doch ziemlich weitläufig. Ein Umstand verdient noch Beachtung: Gerade im Jahre 1830 (d. h. im Jahr der «romantischen Revolution», wie Théophile Gautier den Sieg der Romantiker mit der Aufführung von Hugos «Hernani» bezeichnete) erschien erstmals die vollständige Ausgabe des «Paradox über den Schauspieler», das zuvor kaum zugänglich gewesen war. Im «Paradox» weist sich Diderot als ein so entschiedener Anhänger der «Kunst der Darstellung» aus oder, wie es damals hieß, als «Antiemotionalist» (der vom Schauspieler verlangte, auf der Bühne die «sensibilité» unter Kontrolle zu halten), daß die Romantiker in ihm kaum ihren Bundesgenossen sehen konnten.

Doch zwischen dem bürgerlichen Drama und der Romantik – und dies ist von größter Bedeutung – lag noch eine für die gesamte Kultur eminent wichtige Phase – die Zeit des revolutionären Klassizismus.

Auf den ersten Blick bot gerade der revolutionäre Klassizismus mit seiner Ablehnung der Kammerspiele dem «bürgerlichen Drama» Paroli. Die revolutionären Klassizisten beriefen sich viel lieber auf Rousseau und dessen Appell, das Theater durch Volksfeste zu ersetzen, als auf Diderot. Doch hatten sie hierin recht? Diderot, der für ein lebensnahes Theater kämpfte, sah in den Kammerspielen keineswegs die Voraussetzung für Wahrheitstreue, sondern das Hauptanliegen seines Theaters darin, die «sensibilité» des Zuschauers zu wecken. Je mehr Menschen eine Aufführung besuchten, desto spontaner entbrannten die Leidenschaften, glaubte er. Er dachte voller Sehnsucht an die Antike, als sich bis zu achtzigtausend Zuschauer im Theater versammelten und jede Aufführung ein wahrhaft gesellschaftliches Schauspiel war. Dieser Massenbesuch, meinte er, tue dem Streben nach Wahrhaftigkeit nicht den geringsten Abbruch. Folgendes – und diesen Worten Diderots gilt unsere besondere Aufmerksamkeit – schreibt er aus diesem Anlaß in den «Unterredungen über den ‹Natürlichen Sohn›», in denen er auch das realistische Theater begründet: «Wenn aber der Zulauf einer großen Menge Menschen schon die Rührung des Zuschauers vermehret, welchen Einfluß sollte er nicht vollends auf die Verfasser, auf die Schauspieler haben? Welcher Unterschied, zwischen heut oder morgen einmal ein paar Stunden einige hundert Personen an einem finstern Orte zu unterhalten – und die Aufmerksamkeit eines ganzen Volks an seinen feierlichsten Tagen zu beschäftigen, in Besitz seiner prächtigsten Gebäude zu sein und diese Gebäude mit einer unzählbaren Menge umringt und erfüllt zu sehen, deren Vergnügen oder Langeweile von unsern Talenten abhangen soll?»[146] Kann man hier einen Gegensatz erkennen zu den ästhetischen Maximen des revolutionären Klassizismus und seinen Massenprozessionen, bei denen David die Regie führte und deren Elemente dann von der Straße auf die Bühne übertragen wurden?

Der revolutionäre Klassizismus war auch eine Strömung, die Diderot vorbereitet hat. Hier stimmte alles auf überraschende Weise mit seinen Konzeptionen überein – das Toben der Leidenschaft und ihre Zielgerichtetheit, der Gedanke, der eine strenge Form zur Folge hatte, und der Appell, das Private dem Gemeinsamen unterzuordnen. Natürlich war die bürgerliche «Tugend» revolutionärer Zeiten nicht identisch mit den häuslichen Tugenden der Helden Diderots, doch hier wie dort herrschte das gemeinsame Prinzip: die Unterordnung der eigenen Wünsche unter die höchste Pflicht gegenüber der Gesellschaft – zuerst gegenüber ihrer Keimzelle (diese Auffassung von der Familie wurde im 18. Jahrhundert immer wieder betont) und dann ihr gegenüber als Ganzem.

G. W. Plechanow hat in seinem Aufsatz «Das französische Drama und die französische Malerei des 18. Jahrhunderts» (1905) sehr gut das unvermeidliche Umschlagen des bürgerlichen Dramas in den revolutionären Klassizismus nachgewiesen. Nach seinen Worten stellte «im bürgerlichen Drama der ‹Franzose mittleren Vermögens› seine familiären Tugenden der tiefen Verderbtheit der Aristokratie gegenüber. Doch konnte dieser gesellschaftliche Widerspruch, den das damalige Frankreich beheben mußte, nicht mit Hilfe einer Moralpredigt gelöst werden. Es ging nicht um die Überwindung der aristokratischen *Laster,* sondern um die Abschaffung der *Aristokratie.* Der Hausvater konnte indessen kein Vorbild für *staatsbürgerliches* Heldentum sein. Die familiäre Tugend mußte vielmehr in staatsbürgerliche Tugend umschlagen. Wo konnte man damals Vorbilder für eine solche Tugend finden? Genau dort, wo man vor allem nach Vorbildern für den literarischen Geschmack suchte: in der *Welt der Antike.*»[147] Und an anderer Stelle vergleicht Plechanow die Kunst von Greuze mit der Kunst Davids, bei dem Brutus auch als «Hausvater» auftritt, aber als «ein Hausvater, der zum *Staatsbürger* geworden ist. Seine Tugend ist die *politische* Tugend eines Revoultionärs.»[148]

Die Möglichkeiten für eine solche Entwicklung waren von Anfang an in Diderots Kunst gegeben. Er hat, und das ist wichtig, selbst einen Teil dieses Weges zurückgelegt. Anfangs ein Verehrer von Greuze, den er in seinen frühen «Salons» als «seinen Künstler» bezeichnete, erklärte er in seinen letzten «Salons», daß er sich Greuze entfremdet habe und pries dagegen den «Belisar» des jungen David. Auch die «Beherrschung der Gefühle» im «Paradox über den Schauspieler», die die Betonung der «sensibilité» in seinen früheren Äußerungen über die Kunst des Schauspielers ablöste, war ein Schritt in die Richtung des revolutionären Klassizismus, denn der kühl distanzierte Schauspieler, für den er plädierte, war dazu berufen, einen Sturm der Leidenschaften im Zuschauerraum zu entfesseln. Diderot war für einen Schauspieler, der sich in der Gewalt hatte, weil er diese Aufgabe besser erfüllen könnte als ein von seinen Gefühlen hingerissener Schauspieler.

Diderot sah bereits diese bewegten Zeiten voraus. Die höchste Pflicht des Künstlers und sein höchstes Glück sei es, sich an das Volk zu wenden, und dieses Glück erfülle sich, wenn das Volk gesagt hat: «Ein Genie existiert zu allen Zeiten, doch die Menschen, die es hervorbringen, sind stumm, bis ungewöhnliche Ereignisse die Masse entzünden und auf den Plan rufen. Dann bedrängen die Gefühle die Brust und erregen sie. Und diejenigen, die eine Stimme haben, erheben sie mit dem Ziel, sich zu artikulieren und zu erleichtern.»

Hier begann sich abermals – in der Ferne zwar, doch ganz deutlich – die Gestalt Shakespeares abzuzeichnen. Die eben zitierten Sätze sind dem bereits erwähnten, im Jahre 1758 veröffentlichten «Discours de la poesié dramatique» entnommen. In diesem Ausschnitt polemisierte Diderot gleichsam im voraus gegen die Ansicht, die Voltaire drei Jahre später in seinem «Appell an alle Nationen Europas» vertrat, in dem er Shakespeares Volksverbundenheit als dessen Mangel deklarierte, oder gegen Laharpe, der Shakespeare beschuldigte, er mache Zugeständnisse an den Geschmack des Pöbels. Nein, in Shakespeares Volksverbundenheit konnte Diderot nur dessen größten Vorzug sehen. Und wie treffend gab er es seinen künftigen Opponenten, indem er im «Paradox über den Schauspieler» Shakespeare mit einem groben Koloß verglich. Grobheit konnte in diesem sozialen Kontext Shakespeare auf keinen Fall angelastet werden, denn er sprach mit dem Volke! Gerade Shakespeare hatte das höchste Glück empfunden, das einem Künstler zuteil werden kann!

Die Meinungen der revolutionären Klassizisten über Shakespeare waren geteilt, was unschwer mit dem Dualismus dieser ästhetischen Strömung zu erklären ist, die einerseits zu sehr strengen Formen tendierte und andererseits der Romantik den Weg bahnte. Der wichtigste Repräsentant des revolutionären Klassizismus auf der Bühne, der große Schauspieler François-Joseph Talma (1763–1826), war nicht nur ein Verehrer Shakespeares, sondern auch einer seiner besten Kenner in Frankreich. Talma, der praktisch in zwei Sprachen aufwuchs (er hatte in seiner Kindheit und Jugend viele Jahre in England zugebracht und dort Shakespeare-Aufführungen besucht), sah in Shakespeare nicht nur einen großen Dramatiker, sondern auch einen großen Dichter. Er litt darunter, daß er Shakespeare-Rollen in den Bearbeitungen Ducis' spielen mußte. «Ich verlange Shakespeare, doch man gibt mir Ducis!», sagte er einmal Hugo. Er unterstützte diesen jungen Romantiker, und wenn das unter Einfluß Shakespeares entstandene Drama «Cromwell» ein Lesedrama blieb, so nach Hugo nur deshalb, weil sein Verfasser nach Talmas Tod begriff, daß es sich nicht lohnte, Zeit für die Schaffung einer Bühnenfassung zu verschwenden, denn niemand würde das Stück aufführen.

Doch war diese präromantische Ansicht über Shakespeare nicht von genereller Art. Es gab auch eine andere Tendenz.

Das wichtigste Theaterereignis des Jahres 1789 – die Aufführung der Tragödie «Charles IX.» von Marie-Joseph de Chénier – rückte auch den wichtigsten Vertreter des französischen Dramas des Revolutionsjahrzehnts ins Rampenlicht. Nachdem Chénier mit Hilfe von François-Joseph Talma die Verschwörung der Schauspieler, die das revolutionäre Stück nicht spielen wollten, niedergerungen hatte, sah er sich, der die «Bürgerkrone» tragen durfte, von nun an als Begründer einer neuen Kunstrichtung und zugleich als deren wichtigsten Theoretiker. Was letzteres betrifft, so beanspruchte Chénier für sich absolute Autorität. Und tatsächlich polemisierte niemand ernsthaft mit ihm. Er widersprach sich selbst fortwährend.

Die jähe Polarisation der gesellschaftlichen Kräfte und die wachsende Kompromißlosigkeit der politischen Forderungen schufen in den Revolutionsjahren unter anderem auch einen ästhetischen Maximalismus. Die für das französische Theater immer bezeichnende Abgrenzung des «Hohen» und des «Niederen» erreichte in einem bestimmten Augenblick ihr Extrem. Im politischen Sinne gingen beide konform. Die «niederen Gattungen» wandelten sich in revolutionäres Volkstheater, und auch die Tragödie nahm revolutionäre Züge an. Doch die gegenseitige ästhetische Beeinflussung zerbrach. Je mehr Ansprüche das Volkstheater erhob, desto entschiedener kehrte sich die Tragödie, die ehemalige Aristokratin, nun aber Kämpferin gegen Privilegien und Despotismus, von diesem nouveau riche ab. Das war auch verständlich. Die neue Tragödie benötigte kein schmückendes Beiwerk oder Bühneneffekte. Sie drängte auf kürzestem Wege von der Exposition zur Lösung des Konflikts. Doch war dieser Weg noch immer reichlich lang, weil man nach einigen Schritten gleich wieder einhalten und die unverbrauchte Energie in einem Monolog verströmen wollte. Hier war der Augenblick höchster Freude für einen Tragödiendichter gekommen! Das war die eigentliche Bestimmung der Tragödie, die in den Revolutionsjahren entdeckt wurde! Endlich konnte sie offen mit dem Saal kommunizieren.

Durfte man sich diese Möglichkeit entgehen lassen? War es deshalb verwunderlich, daß Chénier für die Tragödie die klare Linienführung der Antike, den Verzicht auf die Darstellung des Alltags verlangte und die «Überbetonung der Bühnenhandlung» fürchtete? Er sah in Mercier einen «Barbaren» und Übeltäter, und den Namen Shakespeare wollte er nicht einmal in den Mund nehmen.

Das wichtigste Mittel, mit dem diese Tragödie den Zuschauersaal beeinflußte, war die Tirade, die einer Rede glich. Aber auch sie durfte ihre Würde nicht verlieren. Die politische These mußte von handelnden Personen vorgetragen werden, der Abstand zwischen den Helden und dem Saal wurde nicht nur in Metern, sondern in Jahrhunderten gemessen, die zeitgenössische Kleidung blieb in der Garderobe. Sie ziemte sich nicht für die Tragödie.

Chénier zollte auch der «antiken Maskierung» seinen Tribut. Seine Tragödie «Gaius Gracchus» (1792) beruht auf einem Stoff aus der Zeit der Römischen Republik, an dem die Revolution Gefallen fand. Auch einige andere Tragödien Chéniers, die er in der Zeit des Konsulats und des Kaiserreichs schrieb, spielen in Rom. Doch stützte er sich nicht allzusehr auf diese Tradition, und auf mythologische Stoffe verzichtete er fast gänzlich. Während die Mythologie das Allgemeinwissen der alten Griechen und Römer sowie der gebildeten Klassen im vorrevolutionären Frankreich bildete, so erhielt jetzt die Politik den Vorrang. Im Theater sollten die brennenden Fragen der Revolution zur Sprache kommen. Eigneten sich Stoffe aus der Mythologie hierfür? Trugen sie nicht dazu bei, das Volk vom Kampf abzuhalten?

Diese Position bestimmte das innere Wesen der ästhetischen

Neuerungen Chéniers. Ähnlich sah in bezug auf das Theater die Logik der politischen Novationen Robespierres aus. Während der Diktatur der Jakobiner wurden die mythologischen Stoffe als apolitisch und infolgedessen schädlich verboten.

Möglichkeiten, politische Konstellationen darzustellen, boten die historischen Stoffe. Am Beispiel Charles' IX., eines schwachen Königs, der sich von der höfischen Kamarilla zur Bartholomäusnacht überreden ließ, Heinrichs VIII., des «starken englischen Königs», oder des ebenso «starken» spanischen Königs Philipp II. ließen sich leichter historische Vergleiche anstellen und klare politische Anspielungen machen als etwa am Beispiel Agamemnons. Eine Tragödie dieser Art war jetzt stärker gefragt. Sie erhielt in den Fällen, in denen Frankreich im Mittelpunkt stand, sogar die Bezeichnung «nationale Tragödie» – ein Wort, das die Grenzen der Terminologie sprengte und höchstes Lob bedeutete.

Chénier geriet jedoch bei aller Logik seiner Konstruktionen in einen Widerspruch. Er brauchte gleichzeitig die «klare Linienführung» der Antike, die Loslösung vom Alltag und den historischen Stoff. Wurde da die Geschichte nicht letzten Endes zur reinsten Konvention?

Tatsächlich war es äußerst schwierig, dieser Gefahr zu entgehen. Der Tragödie in der Nachfolge Chéniers drohte stets psychologische und ästhetische Eingleisigkeit. Es war schwer, ihr eine gewisse Plastizität zu bewahren. Die innere Logik geriet in Gefahr, die Tragödie konnte sich einfach in eine Kette politischer Argumente verwandeln, was auch geschah. Aus diesem Grunde fiel beispielsweise die Tragödie «Pausanias» (1795) durch, die die Zeitgenossen als Travestie empfanden.

Bei Chéniers Dramentheorie zeichneten sich kompliziertere Überlagerungen ab. «Charles IX.» war trotz seines betonten Klassizismus längst nicht so geradlinig gestaltet worden, wie es seinem Verfasser vorschwebte. Chénier kam von zwei Traditionen, die Voltaire hinterlassen hatte: von der «Tragödie ohne Liebe», die die Grundlage für den revolutionären Klassizismus bildete, und vom historischen Drama Voltaires. In der Theaterpraxis (und Chéniers Erfolg gründete sich vor allem auf das Theater) vermochte die erste Tradition nicht die zweite zu vereinnahmen und zu nivellieren. Sie gingen vielmehr eine höchst interessante Verbindung ein. Talma, der Charles IX. spielte, trat, die Romantiker antizipierend, in einem historisch echten Kostüm und geschminkt auf. Er scheute sich nicht vor Details, sondern fand vielmehr diejenigen, die dann in der Folgezeit das Theater stark beeinflußten. Das galt auch für seine Vortragskunst. Sie glich den Rednern der Revolution, deren Redepraxis man keineswegs als geradlinig bezeichnen kann. Der revolutionäre Redner mußte seine Zuhörer von der Zweckmäßigkeit dieser oder jener politischen Maßnahme überzeugen. Er argumentierte schlüssig und logisch. Aber er mußte in ihnen auch starke Leidenschaften wecken, sie begeistern und für sich einnehmen. Talma konnte gleichermaßen überzeugen und Leidenschaften wecken. Sein Vortrag war klug und logisch, und seine emotionalen «Ausbrüche» erschütterten. Der revolutionäre Klassizismus kündete in seiner szenischen Umsetzung bereits die Romantik an oder anders gesagt: Er trug dazu bei, genau die Tradition abzuschaffen, der er in der Theorie so orthodox anhing.

Doch das war erst der Anfang. Der Dramatiker Chénier hielt in der Folgezeit immer seltener das Gesetz ein, das er als Theoretiker erlassen hatte. Im Jahre 1791 beendete er «Jean Calas», sein erstes Stück, an dem er nach der Revolution zu arbeiten begonnen hatte («Charles IX.» und «Heinrich VIII.» waren früher entstanden und wurden lediglich überarbeitet). Dieses Stück über einen französischen Protestanten, der 1762 hingerichtet wurde, weil man ihn des Mordes an seinem Sohn beschuldigt hatte, der zum Katholizismus übergetreten war und der dank der Kampagne, die Voltaire auslöste, postum rehabilitiert wurde, beinhaltete einen Stoff, der an die Gegenwart heranreichte. Seine Helden glichen den Helden im bürgerlichen Trauerspiel, und Details aus dem Alltag, die dem Theoretiker Chénier so zuwider waren, ließen sich ebenfalls nicht vermeiden. In «Fénelon ou La religieuse de Cambrai» (1793, «Fénelon oder Die Nonne von Cambrai») machte Chénier bereits einen Schritt zum Melodrama, zu der Gattung, die in der Folgezeit eine der Quellen des romantischen Dramas wurde. Er widmete sich auch den «niederen» Gattungen. In dem Stück «Das Lager bei Grand-Près oder Der Triumph der Republik», das Chénier nach dem Sieg bei Valmy schrieb, strebte er danach, das Niveau des Volkstheaters, soweit das möglich war, anzuheben, ihm die Feierlichkeit eines allegorischen Schauspiels mit Elementen des Schäferspiels zu verleihen, das der Klassizismus nicht ablehnte, doch zu den Höhen der Tragödie wollte er es nicht hinanführen – und so blieb er auf halbem Wege stehen. Konnte man das von dem unnachgiebigen Verfasser der Vorrede zu «Charles IX.» erwarten?

Allmählich wurde die klassizistische Tradition auch in ihrer neuen Verkleidung, dem Empirestil, überwunden. Hier machten sich ebenfalls von vornherein innere Widersprüche bemerkbar. Die Geschichte wollte sich den drei Einheiten nicht beugen. Gewaltsam in diese hineingepreßt, machte sie einen komischen und unnatürlichen Eindruck. Die Zeitgenossen beanstandeten dies sogar an den besten Tragödien dieser Art, z. B. an den 1802 geschriebenen und 1805 aufgeführten «Tempelherren» von François Juste Marie Renoir (1761–1836). Die Fülle visueller Eindrücke, die emotionale Dichte (die Szene, in der die Tempelherren unter Gesang ins Feuer gehen, erschütterte das Publikum), der große Anspruch dieser Tragödie und der enge Rahmen der Einheiten gerieten einander ins Gehege. In anderen historischen Tragödien waren derlei Widersinnigkeiten so ausgeprägt, daß diese ein Fiasko erlitten. Das klassizistische System siechte dahin, weil es den Einheiten zuliebe das Alltagsleben und die Geschichte simplifizierte, oder es büßte einige wichtige Merkmale ein, da es außerstande war, den explosiven Stoff, den die Geschichte und der Alltag bereithielten, zu beherrschen.[149] Mal traten hier, mal traten dort Mängel in Erscheinung. Der Name Shakespeare wurde erneut respektvoll genannt. Der Klassizismus befand sich jetzt in einer prekären Lage. Zum einen vermochte er den neuen Strömungen bereits nicht mehr zu widerstehen, zum anderen war er auch unfähig, sein eigenes «Ich» preiszugeben.

Erst in den vierziger Jahren des 19. Jahrhunderts hörte man auf, klassizistische Tragödien zu schreiben; je weiter die Zeit voranschritt, desto klarer wurde, daß der Klassizismus seinem Ende entgegenging.

Ob die Ursache dafür teilweise darin zu sehen ist, daß die Dramatiker der Revolution und des Kaiserreichs zugleich dem Voltaire glaubten, der den Klassizismus unterwanderte, und dem, der ihn verteidigte? Sie begannen dort, wo er aufgehört hatte. Indem sie über Voltaire hinausgingen, hatten sie aber auch die Grenze überschritten, die die noch von Lebenskraft erfüllte und fortwirkende Kunst von der Kunst trennte, die bei der Premiere zwar tosenden Beifall auslöste, jedoch von Jahr zu Jahr zunehmende Sterilität auswies und schließlich abtreten mußte.

Die Romantiker hingegen hatten sich Voltaire nur deshalb ernsthaft genähert, weil er es vermocht hatte, etwas von Shakespeare zu lernen. Er hatte in ihren Augen der Tragödie Dynamik verliehen und sie gezwungen, vom Reden zum Handeln überzugehen. «Voltaire hat als erster versucht, eine echte, moderne Tragödie zu schaffen, als er ‹Tancrède› schrieb. Er glaubte, daß ihm dies völlig gelungen sei, und damit hat er auch nicht ganz unrecht»,[150] erklärte Musset. Voltaire hat in der Tat das Publikum auf das romantische Drama vorbereitet. Er erntete dafür jedoch nur einige Dankesworte, nicht aber Unsterblichkeit, denn das romantische Drama entfremdete das Publikum dem Klassizismus und damit auch Voltaire. Er war jetzt nicht mehr gefragt. Die Tendenzen, die er nur angedeutet hatte, brachten die Romantiker viel konsequenter zum Ausdruck. Mit ihm zu streiten, hatte ebenfalls wenig Sinn. Er verteidigte natürlich den Klassizismus, doch erschien er seinen direkten Nachfahren keineswegs als dessen maßgeblicher Repräsentant. «Racine und Shakespeare», nicht aber «Voltaire und Shakespeare», nannte Stendhal seine berühmte Schrift. Voltaire hatte das neue Jahrhundert vorbereitet, doch brauchte es ihn nicht – weder als Kampfgenossen noch als Opponenten. Die Kunstentwicklung verläuft so gesetzmäßig und erbarmungslos wie die geschichtliche Entwicklung. Voltaire, dessen Größe als Dramatiker einmal außer Frage stand, wurde immer seltener und schließlich überhaupt nicht mehr aufgeführt.

Außerhalb Frankreichs, und zwar gerade in den Ländern Europas, die Voltaire zweimal um Hilfe gebeten hatte, war die Situation noch unerfreulicher. Nach einer treffenden Bemerkung B. G. Reïsows kann man die zweite Hälfte des 18. und den Beginn des 19. Jahrhunderts als die große Zeit der Shakespeare-Verehrung in Europa bezeichnen,[151] und die Deutschen errangen in diesem Kampf den ersten bedeutenden Sieg. Der Umschwung kündigte sich bereits Ende der fünfziger Jahre an, obwohl es zuvor kaum ein zweites Land gab, das sein Streben, «sich zu bessern» (im Gegensatz zu den Engländern) und brav in die Fußstapfen der französischen Klassizisten zu treten, so nachdrücklich äußerte. Es bestand kein Grund, die Sympathien und Antipathien der Deutschen anzuzweifeln. Zwar zählte Gottsched nicht zu den Dramatikern und Kritikern von europäischem Rang, doch machte gerade dessen Provinzialismus aus ihm einen Strenggläubigen und Fanatiker. Sein Trauerspiel «Der sterbende Cato» (1732), das ursprünglich als Übersetzung der Tragödie Addisons gedacht war, «schuf» er dann als eigenartige Verschmelzung aus Addison und dem unter seinem Einfluß stehenden Franzosen Deschamps – letzterer dünkte ihm «regelgemäßer». Bei seinen Erläuterungen der theoretischen Positionen des Klassizismus verstieg er sich in lächerliche Extreme. Dennoch währte Gottscheds Herrschaft keinesfalls wegen der Schwächen ihres Begründers nur kurze Zeit. Man konnte ihn letzten Endes korrigieren – doch widerlegte man ihn lieber. Der Klassizismus, den die Deutschen brauchten, um sich von der «Barbarei des Mittelalters» zu befreien, erschöpfte sich erstaunlich schnell, denn das, was man noch vor kurzem für «Barbarei» hielt, bildete jetzt die – wenn auch noch unvollkommenen – Grundlagen des Nationalgeschmacks. Deutschland besaß keinen großen Dramatiker, der den Zeitgeist hätte ausdrükken können, doch England vermochte vieles zu lehren mit Shakespeare. Der «Leipziger Klassizismus» war nicht in der Lage, dem Druck Lessings zu widerstehen. Vier Jahre nach dem Erfolg seines Dramas «Miß Sara Sampson» (1755), eines nach englischen Vorbildern geschriebenen «bürgerlichen Trauerspiels», griff sein Verfasser in einem seiner «Briefe, die neueste Literatur betreffend» Gottsched an. In dem berühmten 17. Brief (vom 16. Februar 1759) lehnte er das französische Vorbild ab, das Gottsched dem deutschen Theater aufdrängen wollte. Diese Attacke gegen Gottsched richtete sich gleichzeitig gegen Voltaire und bedeutete Parteinahme für Shakespeare.

Letzteres war am wichtigsten. Gottsched hatte mit seiner Hinwendung zum Klassizismus die Türen für einen weit stärkeren Einfluß geöffnet – den Einfluß Voltaires. Gottsched war erst zu bezwingen, wenn man zuvor Voltaire bezwungen hatte. Das war jedoch nicht so einfach. «Sie ... haben keinen Begriff von der Bedeutung, die Voltaire und seine großen Zeitgenossen in meiner Jugend hatten, und wie sie die ganze sittliche Welt beherrschten,»[152] sagte Goethe am 3. Januar 1830 zu Eckermann. Es ist deshalb allzu begreiflich, daß selbst Lessing zunächst lieber gegen Gottsched als gegen Voltaire polemisierte, um so mehr, als der Name Voltaire für ihn in diesen Jahren offenbar noch einen gewissen Reiz ausübte. Die Auseinandersetzung mit dem französischen Klassizismus erfolgte so, daß man spürte, um wieviel der Aufklärer Voltaire Lessing näher stand als die ihm vorangegangenen Klassiker des französischen Theaters. Doch auch Voltaire verblaßte für ihn angesichts Shakespeares. Er war in seinen Augen, mit Letourneur gesprochen, der diesen Ausdruck einmal gebraucht hat, der «Gott der Tragödie». Was der französische «Erschütterer der Grundfesten» in der Folgezeit erklärte, sagte der deutsche Dramatiker und Kritiker in aller Gelassenheit bereits siebzehn Jahre vor ihm.

Dabei sprach Lessing so ganz nebenbei, als habe er die prinzipielle Bedeutung seiner Worte gar nicht bemerkt, darüber, daß jedes Volk seinen eigenen Geschmack haben könne und sich nicht «bessern» müsse, wie das Voltaire empfohlen habe. Der Klassizismus stellte nach Lessing keineswegs einen Höhepunkt innerhalb der Weltkunst dar, sondern lediglich eine ihrer möglichen Formen, die es zudem mit Shakespeares Kunst nicht aufnehmen könne.

«Er (Gottsched – d. Übers.) hätte aus unsern alten dramatischen Stücken, welche er vertrieb, hinlänglich abmerken können, daß wir mehr in den Geschmack der Engländer als der Franzosen einschlagen; daß wir in unsern Trauerspielen mehr sehen und denken wollen, als uns das furchtsame französische Trauerspiel zu sehen und zu denken gibt; daß das Große, das Schreckliche, das Melancholische, besser auf uns wirkt als das Artige, das Zärtliche, das Verliebte; daß uns die zu große Einfalt mehr ermüde, als die zu große Verwicklung etc...

Wenn man die Meisterstücke des Shakespeare, mit einigen bescheidenen Veränderungen, unsern Deutschen übersetzt hätte, ich weiß gewiß, es würde von bessern Folgen gewesen sein, als daß man sie mit dem Corneille und Racine so bekannt gemacht hat. Erstlich würde das Volk an jenem weit mehr Geschmack gefunden haben, als es an diesen nicht finden kann; und zweitens würde jener ganz andere Köpfe unter uns erweckt haben, als man von diesen zu rühmen weiß. Denn ein Genie kann nur von einem Genie entzündet werden; und am leichtesten von so einem, das alles bloß der Natur zu danken zu haben scheinet, und durch die mühsamen Vollkommenheiten der Kunst nicht abschrecket.»[153]

Man merkt sofort, daß Lessing gegen Voltaire so argumentiert, wie es dieser in seinen letzten Lebensjahren oft getan hat, daß nämlich ausgeklügelte Schwierigkeiten, mit denen die Tragödie versehen wird, zu ihrer Vervollkommnung beitragen. Die «ungestümen Genies», die bald auf sich aufmerksam machten und in der freien Willensäußerung der schöpferischen Persönlichkeit den Ausdruck von Naturgesetzen und in der Einhaltung der Regeln Willkür und deren Vergewaltigung sahen, hatten Stimmen, auf die sie sich berufen konnten.

Ebenso konsequent kehrte Lessing die ständige Berufung der Klassizisten auf die Kunst der Antike gegen diese. «Auch nach den Mustern der Alten die Sache zu entscheiden, ist Shakespeare ein weit größerer tragischer Dichter als Corneille; obgleich dieser die Alten sehr wohl, und jener fast gar nicht gekannt hat. Corneille kömmt ihnen in der mechanischen Einrichtung, und Shakespeare in dem Wesentlichen näher. Der Engländer erreicht den Zweck der Tragödie fast immer, so sonderbare und ihm eigene Wege er auch wählet; und der Franzose erreicht ihn fast niemals, ob er gleich die gebahnten Wege der Alten betritt. Nach dem ‹Oedipus› des Sophokles muß in der Welt kein Stück mehr Gewalt über unsere Leidenschaften haben, als ‹Othello›, als ‹König Lear›, als ‹Hamlet› etc. Hat Corneille ein einziges Trauerspiel, das Sie nur halb so gerühret hätte, als die ‹Zaïre› des Voltaire? Und die ‹Zaïre› des Voltaire, wie weit ist sie unter dem ‹Mohren von Venedig›, dessen schwache Kopie sie ist, und von welchem der ganze Charakter des Orosmans entlehnet worden?»[154]

Der Hieb saß, den Lessing versetzte. Jedoch gelang es nicht sofort, dem Klassizismus den Garaus zu machen, denn dafür herrschte er zu lange und uneingeschränkt. «Das Gottschedische Gewässer hatte die deutsche Welt mit einer wahren Sündflut überschwemmt, welche sogar über die höchsten Berge hinaufzusteigen drohte. Bis sich eine solche Flut wieder verläuft, bis der Schlamm austrocknet, dazu gehört viele Zeit ...»[155], schrieb Goethe. Doch in den sechziger Jahren trocknete der Schlamm allmählich. In Deutschland gab es in dieser Zeit eine merkwürdige Doppelherrschaft. Die Klassizisten wurden nach wie vor respektiert. Doch lernte man Shakespeare immer besser verstehen und schätzen.

In «Dichtung und Wahrheit» beschreibt Goethe einen Vorhang, der 1766 für das neue Theatergebäude in Leipzig angefertigt worden und ganz dem Geist der Tradition verhaftet war. «Einen Vorhof zum Tempel des Ruhmes schmückten die Statuen des Sophokles und Aristophanes, um welche sich alle neuere Schauspieldichter versammelten. Hier nun waren die Göttinnen der Künste gleichfalls gegenwärtig und alles würdig und schön. Nun aber kommt das Wunderliche! Durch die freie Mitte sah man das Portal des fernstehenden Tempels, und ein Mann in leichter Jacke ging zwischen beiden obgedachten Gruppen, ohne sich um sie zu bekümmern, hindurch, gerade auf den Tempel los; man sah ihn daher im Rücken, er war nicht besonders ausgezeichnet. Dieser nun sollte Shakespearen bedeuten, der ohne Vorgänger und Nachfolger, ohne sich um die Muster zu bekümmern, auf seine eigne Hand der Unsterblichkeit entgegengehe.»[156]

«Dichtung und Wahrheit» vermittelt ein anschauliches Bild davon, wie Goethe (und nicht nur er, denn er berichtet hier im Namen des ganzen Jugendkreises, dem er angehörte) Shakespeare kennenlernte. In Leipzig, wohin er im Jahre 1765 gekommen war, las er die «Beauties of Shakespeare» von William Dodd (1729–1777), die Sammlung des englischen Geistlichen und Popularisators, der später wegen Scheckfälschung – es handelte sich um eine hohe Geldsumme – gehängt wurde. Dieses Buch, das Auszüge aus Shakespeares Werken enthielt, vermittelte keine ausreichende Vorstellung vom Aufbau seiner Stücke. Es stellte Shakespeare mehr als Dichter, denn als Dramatiker vor, und in diesem Sinne wäre es auch für Voltaire akzeptabel gewesen, der stets von «einzelnen Schönheiten» Shakespeares bezaubert war. Im Jahre 1766 lag jedoch Wielands Übertragung vor, und Goethe lernte Shakespeare erstmals als Dramatiker kennen. Die Tatsache, daß diese Übersetzung (wie auch die folgende von Eschenburg) in Prosa wiedergegeben war, störte Goethe nicht. Er hielt dies sogar für einen Vorzug. «Ich ehre den Rhythmus wie den Reim, wodurch Poesie erst zur Poesie wird, aber das eigentlich tief und gründlich Wirksame, das wahrhaft Ausbildende und Fördernde ist dasjenige, was vom Dichter übrig bleibt, wenn er in Prose übersetzt wird. Dann bleibt der reine vollkommene Gehalt, den uns ein blendendes Äußere oft, wenn er fehlt, vorzuspiegeln weiß und, wenn er gegenwärtig ist, verdeckt.»[157]

Damit jedoch Shakespeares Einfluß auf Goethe in vollem Maße wirksam wurde, bedurfte es (wenn es Goethe Ende der sechziger Jahre auch anders sah) der Straßburger Begeisterung für Herder und neuer Publikationen Lessings. Einstweilen war Goethe noch von Hochachtung gegenüber Gottsched erfüllt. Als sein Landsmann Johann Georg Schlosser nach Leipzig kam, um den dortigen «Berühmtheiten» einen Besuch abzustatten, nutzte Goethe diese Gelegenheit, um Gottsched persönlich kennenzulernen. Er behielt jedoch von der ganzen Begegnung nur den drolligen Vorfall im Gedächtnis, der sich gleich zu Beginn ereignet hatte, «... denn in dem Augenblick trat Gottsched, der große, breite, riesenhafte Mann, in einem gründamastnen, mit rotem Taft gefütterten Schlafrock zur entgegengesetzten Türe herein; aber sein ungeheures Haupt war kahl und ohne Bedeckung. Dafür sollte jedoch sogleich gesorgt sein: denn der Bediente sprang mit einer großen Allongeperücke auf der Hand (die Locken fielen bis an den Ellenbogen) zu einer Seitentüre herein und reichte den Hauptschmuck seinem Herrn mit erschrockner Gebärde. Gottsched, ohne den mindesten Verdruß zu äußern, hob mit der linken Hand die Perücke von dem Arme des Dieners, und indem er sie sehr geschickt auf den Kopf schwang, gab er mit seiner rechten Tatze dem armen Menschen eine Ohrfeige, so daß dieser, wie es im Lustspiel zu geschehen pflegt, sich zur Türe hinaus wirbelte, worauf der ansehnliche Altvater uns ganz gravitätisch zu sitzen nötigte und einen ziemlich langen Diskurs mit gutem Anstand durchführte.»[158] Den Inhalt dieses Gesprächs teilte Goethe jedoch nicht mit.

Welche Einstellung man in den sechziger Jahren (jedenfalls in der ersten Hälfte der sechziger Jahre) zu Shakespeare hatte, läßt sich bereits daraus ersehen, daß besagter Wieland, der viel getan hat, um die Deutschen mit Shakespeare bekanntzumachen, in den Anmerkungen zu seiner eigenen Ausgabe den großen Engländer im guten alten klassizistischen Geist Voltaires für vieles tadelte.

Am Ende der sechziger Jahre (d. h. ein Jahr nach dem Erscheinen der Wielandschen Ausgabe) kam es erneut zu Auseinandersetzungen mit dem Klassizismus, in deren Mittelpunkt diesmal Voltaire stand.

In der «Hamburgischen Dramaturgie» (1767) zog Lessing bereits offen gegen ihn zu Felde, wobei Shakespeares Werk in dieser Polemik sein stärkstes Argument war. Zunächst äußerte er sich über Voltaires Stück «Semiramis», dessen Hauptszene, wie er meinte, hinter «Hamlet» in beträchtlichem Maße zurückbliebe (davon war bereits die Rede), und dann brachte er das Gespräch erneut auf «Zaïre».

Diesmal unterzog er «Zaïre» einer vernichtenden Kritik. «Die Liebe selbst hat Voltairen die ‹Zaïre› diktiert: sagt ein Kunstrichter artig genug. Richtiger hätte er gesagt: die Galanterie. Ich kenne nur eine Tragödie, an der die Liebe selbst arbeiten helfen; und das ist ‹Romeo und Juliet›, vom Shakespeare. Es ist wahr, Voltaire läßt seine verliebte Zaïre ihre Empfindungen sehr fein, sehr anständig ausdrücken: aber was ist dieser Ausdruck gegen jenes lebendige Gemälde aller der kleinsten geheimsten Ränke, durch die sich die Liebe in unsere Seele einschleicht, aller der unmerklichen Vorteile, die sie darin gewinnet, aller der Kunstgriffe, mit denen sie jede andere Leidenschaft unter sich bringt, bis sie der einzige Tyrann aller unserer Begierden und Verabscheuungen wird? Voltaire verstehet, wenn ich so sagen darf, den Kanzeleistil der Liebe vortrefflich; das ist, diejenige Sprache, denjenigen Ton der Sprache, den die Liebe braucht, wenn sie sich auf das behutsamste und gemessenste ausdrücken will, wenn sie nichts sagen will, als was sie bei der spröden Sophistin und bei dem kalten Kunstrichter verantworten kann. Aber der beste Kanzeliste weiß von den Geheimnissen der Regierung nicht immer das meiste . . .»[159]

Ebenso entschieden lehnte er auch Voltaires Orosman ab. «Cibber sagt», schreibt er aus diesem Anlaß, «Voltaire habe sich des Brandes bemächtiget, der den tragischen Scheiterhaufen des Shakespeare in Glut gesetzt. Ich hätte gesagt: eines Brandes aus diesem flammenden Scheiterhaufen; und noch dazu eines, der mehr dampft, als leuchtet und wärmet.»[160]

Es war keineswegs Zufall, daß sich der Hauptschlag gegen «Zaïre» richtete. «Zaïre», deren Premiere als «Tränenerfolg» bezeichnet wurde, ein Stück, das in den Grenzen der klassizistischen Ästhetik der bürgerlichen Vorstellung sehr nahekam, war Hauptrivalin des bürgerlichen Trauerspiels, wie es Lessing vorschwebte. Nach K. N. Dershawin «ließ dieses Stück von Voltaire signifikante Abweichungen vom klassizistischen Kanon erkennen. Racines Liebesthema hatte hier eine erneuerte Form erhalten, die die Traditionen der Sprechhandlung und des deklamatorisch-rednerischen Stils der hohen Tragödie des 17. Jahrhunderts überwand und nach einem Ideal strebte, das noch nicht klar umrissen und vollendet war – das Ideal einer auf Wirkung abzielenden Tragödie, einer Tragödie der empfindsamen, pathetischen und heroischen Intrige». Im Zusammenhang mit «Zaïre», fährt K. N. Dershawin fort, habe Voltaire versucht, den tragischen Stil dem Ausdruck der Intimsphäre des Menschen anzugleichen, das lexikalische und intonatorische Profil einer neuen Tragödiengattung zu schaffen – einer Gattung der intimen menschlichen Tragödie, die bereits bei Racine durch die erhabenen Falten der tragischen Gewandungen seines Theaters schimmerte.[161] Zudem galt «Zaïre» als das allgemein anerkannte Beispiel für Shakespeares Einfluß auf Voltaire. So ging es in der «Hamburgischen Dramaturgie» nicht darum, ob Shakespeare gebraucht wurde oder nicht, sondern in welches ästhetische System er sich natürlicher und nahtloser einfügte – in das klassizistische oder in das realistische. Shakespeare war für Lessing ein Dramatiker, an dem das «Fassungsvermögen» des Systems geprüft wurde. Lessing wies nach, daß der Klassizismus ihn sich nur in vereinfachter Form aneignen könnte.

In den «Briefen, die neueste Literatur betreffend» wurden vor allem Corneille und Racine angegriffen, in der «Hamburgischen Dramaturgie» wurde Voltaire attackiert. Es lohnte nicht, mit Corneille und Racine über Shakespeare zu streiten. Voltaire forderte zu diesem Streit heraus, zu einem Streit über die Schranken des Klassizismus und die Notwendigkeit eines neuen Systems.

Welches System würde das sein?

Das System Shakespeares! riefen in jenen Jahren viele Anhänger des neuen Dramas aus. Nach Lessings Attacke nahmen die Deutschen jedes Wort begierig auf, das sich gegen die Lehrsätze Gottscheds richtete. Ihre Aufmerksamkeit galt nicht einmal mehr Voltaire, sondern Elizabeth Montagu, der «Londoner Bürgerin», und dem «Sansculotten» Mercier. Einige Jahre später erklärte Jakob Michael Reinhold Lenz, der junge Dramatiker des Sturm und Drang, in seinen «Anmerkungen übers Theater» (1774), die er unter dem unmittelbaren Eindruck der ein Jahr zuvor erschienen Abhandlung «Neuer Versuch über die Schauspielkunst» von Mercier schrieb, daß die Natur nachzuahmen Shakespeare nachzuahmen bedeute. Auch der junge

Goethe war von Shakespeare überwältigt. «Die erste Seite von Shakespeare, die ich gelesen habe, hat mich ein Leben lang nicht wieder losgelassen, und als ich das erste Stück von ihm gemeistert hatte, stand ich wie ein Blindgeborener, dem eine wundertätige Hand plötzlich die Sehkraft geschenkt hat», schrieb er in seinem Aufsatz «Zum Shakespearestag» (1771). «Ich erkannte, ich fühlte aufs lebhafteste meine Existenz um eine Unendlichkeit erweitert; alles war mir neu, unbekannt, und das ungewohnte Licht machte mir Augenschmerzen.

Ich zweifelte keinen Augenblick, dem regelmäßigen Theater zu entsagen. Es schien mir die Einheit des Orts so kerkermäßig ängstlich, die Einheiten der Handlung und der Zeit lästige Fesseln unserer Einbildungskraft. Ich sprang in die freie Luft und fühlte erst, daß ich Hände und Füße hatte. Und jetzo, da ich sahe, wieviel Unrecht mir die Herrn der Regeln in ihrem Loch angetan haben, wieviel freie Seelen noch drinne sich krümmen, so wäre mir mein Herz geborsten, wenn ich ihnen nicht Fehde angekündigt hätte und nicht täglich suchte, ihre Türne zusammenzuschlagen.»[162] Noch im selben Jahr erschien die Urfassung des «Götz von Berlichingen» – Goethes Antwort auf die «Türne» der «Herrn der Regeln». Die zweite, 1773 vollendete Fassung, wurde ein Bühnenerfolg. Ein Jahr nach der Publikation des Dramas führte der große deutsche Schauspieler und Regisseur Friedrich Ludwig Schröder (1744–1816) den «Götz» in Hamburg auf. Mit der Aufführung des «Götz von Berlichingen» hatte der dreißigjährige Schröder den ersten entscheidenden Schritt unternommen, um eine bedeutende Position im Theaterleben Deutschlands zu erringen. Die Aufführung war, was die Kostüme, die Bühnenbilder und die Art des Spiels anbelangte, eine wahre Revolution. Die Überbleibsel des Klassizismus waren hinweggefegt. Puder, Posamenten und Ballettgebärden paßten nicht zu der eisernen Rüstung und den abgehackten Repliken des Helden Goethes. Nach Karl Mantzius «riß Götz mit seiner eisernen Hand den Schauspielern die unnatürlichen Perücken von den Köpfen.»[163] Von diesem Augenblick an verdrängten Shakespeares Anhänger die Anhänger Voltaires nach und nach von der Bühne.

Was für schonungslose Strafpredigten gegen Voltaire wurden in dieser Zeit in Deutschland gehalten! In dem Jahr, in dem Goethe an der Urfassung seines «Götz» arbeitete, schrieb der bedeutendste Theoretiker des «Sturm und Drang», Johann Gottfried Herder (1744–1803), seinen Aufsatz «Shakespeare», und in dem Jahr, in dem Goethe sein Trauerspiel vollendete, veröffentlichte er den Aufsatz, in dem er über Voltaire bereits ohne die geringste Spur von Ehrfurcht sprach. Er war für Herder alles andere als ein echter Dramatiker. «Der schöne Voltairesche Vers, sein Zuschnitt, Inhalt, Bilderwirtschaft, Glanz, Witz, Philosophie –, ist er nicht ein schöner Vers? Allerdings! der schönste, den man sich vielleicht denken kann, und wenn ich ein Franzose wäre, würde ich verzweifeln, hinter Voltaire einen Vers zu machen – aber schön oder nicht schön, kein Theatervers! für Handlung, Sprache, Sitten, Leidenschaften, Zweck eines (anders als französischen) Drama, ewige Schulchrie, Lüge und Galimathias. Endlich Zweck des allen? ... Ein schönes Stück ... auf die Bühne zu bringen! eine Reihe artiger, wohlgekleideter Herrn und Dames schöne Reden, auch die schönste und nützlichste Philosophie in schönen Versen vortragen zu lassen! sie allesamt auch in eine Geschichte dichten, die einen Wahn der Vorstellung gibt und also die Aufmerksamkeit mit sich fortzieht! endlich das alles auch durch eine Anzahl wohlgeübter Herrn und Dames vorstellen lassen, die würklich viel auf Deklamation, Stelzengang der Sentenzen und Außenwerke der Empfindung, Beifall und Wohlgefallen anwenden – das alles können vortreffliche und die besten Zwecke zu einer lebendigen Lektüre, zur Übung im Ausdruck, Stellung und Wohlstande, zum Gemälde guter oder gar heroischer Sitten und endlich gar eine völlige Akademie der Nationalweisheit und Decence im Leben und Sterben werden (alle Nebenzwecke übergangen), schön! bildend! lehrreich! vortrefflich! durchaus aber weder Hand noch Fuß vom Zweck des griechischen Theaters.»[164]

Shakespeare, dessen Ästhetik sich grundlegend von der Ästhetik des griechischen Theaters unterscheide, löse die von Aristoteles formulierte Aufgabe des Trauerspiels viel besser als Voltaire, der die Griechen nur nachzuahmen versucht, schreibt Herder. Shakespeare schaffe Menschen. Die Franzosen brächten dagegen lediglich Marionetten hervor, die äußerlich zwar an Menschen erinnerten, doch starr und leblos wirkten.

In diesem Aufsatz hatte die Beurteilung Shakespeares als Dramatiker eine neue Qualität erreicht. Vor Herder (und leider auch noch nach ihm) sah man auf dem Kontinent in Shakespeare keinen Dramatiker, sondern einen Dichter, der für das Theater arbeitete und der es sich infolge seiner poetischen Begabung erlauben konnte, dessen Gesetze zu mißachten. Er vermochte nach Meinung dieser Kritiker das Vorstellungsvermögen des Publikums so anzuregen, daß dieses leicht «zu Ende dachte», was ihm auf der Bühne vorenthalten wurde, zumal es sich um ein Publikum «barbarischer Zeiten» handelte, das eine sehr lebhafte Phantasie besaß.

Die Dramatik der Klassizisten, insbesondere Voltaires, war unter diesem Aspekt natürlich Shakespeare deutlich überlegen, wies sie doch genaue Strukturmerkmale auf, die für die Bühne unumgänglich waren.

Herder machte deutlich, daß Shakespeare in seinen Stücken ebenfalls bestimmte Gesetze der Bühne befolgte, nur richtete er sich nach eigenen Gesetzen, die wir noch nicht erforscht hätten. Sophokles hätte seinen Aristoteles gehabt, Shakespeare dagegen niemanden. Doch gäbe es bereits Versuche, Shakespeare nicht nur als Dichter, sondern auch als Theaterpraktiker zu begreifen. Im Laufe der Zeit würde auch diese Komponente der Shakespeare-Rezeption neue Einsichten bringen.

Die vorrangig literarischen Auseinandersetzungen um Shakespeare hatten in Deutschland bald ein Ende. Der englische Dramatiker wurde vielmehr zu einem Theaterereignis. Goethe bahnte durch den Erfolg, den «Götz von Berlichingen» hatte, seinem englischen Mentor den Weg auf die Bühne. Schröder zögerte noch einige Zeit, doch dann entschied er sich. Am 20. September 1776 eröffnete er mit der Aufführung des «Hamlet» die Reihe seiner Shakespeare-Inszenierungen, die Deutschland endgültig für den großen Engländer einnahmen.

«Hamlet» galt nach allgemeiner Ansicht als Shakespeares bedeutendste Tragödie; in Deutschland kannte man die von David Garrick gespielte Rolle des Hamlet bereits aus der Schilderung des Physikers und Satirikers Georg Christoph Lichtenberg (1742–1799), der im Juni 1776, also gerade einige Monate vor Schröders Shakespeare-Premiere, seine «Briefe aus England» (1776 und 1778) im «Deutschen Museum» zu veröffentlichen begann, die ausschließlich über das dortige Theaterleben berichten.[165] Außerdem war «Hamlet» schon einmal vor langer Zeit in Deutschland aufgeführt worden – 1625 gab ihn eine englische Theatertruppe im Hamburg. Von ausschlaggebender Bedeutung war jedoch, daß sich die Rolle des Hamlet sehr gut im Geiste des Sturm und Drang interpretieren ließ. So spielte sie jedenfalls in Schröders Inszenierung (Schröder selbst spielte den Geist, darauf Laertes und den Totengräber und erst später die Rolle des Hamlet) Johann Franz Hieronimus Brockmann (1745 bis 1812), der sehr schnell berühmt wurde. In den verbleibenden vier Jahren seines ersten Hamburger Theaterunternehmens führte Schröder noch «Othello» (1776), den «Kaufmann von Venedig» (1777), «Maß für Maß» (1777), «König Lear» (1778), «Richard II.» (1778), «Heinrich IV.» (1778), «Macbeth» (1779) und zwei Komödien – die «Komödie der Irrungen» (1777) und «Viel Lärm um nichts» (1779) auf. Als die Pachtfrist für das

Hamburger Theater abgelaufen war, machte Schröder zunächst Berlin, dann München, Mannheim und Wien mit seinen Shakespeare-Inszenierungen bekannt. Shakespeare hatte in der deutschsprachigen Welt triumphalen Erfolg. Doch bereits in der Zeit, in der Schröder noch in Hamburg weilte, fand Brockmanns Beispiel seine Nachahmung, und fast jeder Schauspieler, der ewas auf sich hielt, wollte Hamlet spielen.

Schröder führte Shakespeare in eigenen Prosafassungen auf, die teils von den Bedingungen der Bühne, teils von den Stimmungen und Geschmacksrichtungen des Publikums diktiert waren. Man konnte damals auf Bearbeitungen nicht verzichten. «Othello» war glatt durchgefallen, weil man das Stück ohne Bearbeitung des tragischen Endes gespielt hatte. Dennoch war es Shakespeare (und kein von Ducis bearbeiteter), dessen Genie die klassizistische Theaterästhetik überzeugend widerlegte.

Für die Klassizisten waren aufregende Zeiten angebrochen. Die französischen Streitigkeiten wirkten auf Deutschland wie eine echte Katastrophe.

Im Jahre 1779 besuchte Martin Sherlok (gest. 1797) Friedrich II. Sherlok, ein «klerikaler Gentleman», befaßte sich mit schöner Literatur und hinterließ der Nachwelt die «Briefe eines englischen Reisenden» (er gab sie zuerst in französischer Sprache und später – 1780 – in englischer Übersetzung heraus), in denen er über seine Begegnungen mit berühmten Persönlichkeiten des Kontinents berichtete – darunter mit Voltaire. Der preußische Monarch äußerte ihm gegenüber seine Unzufriedenheit mit Shakespeare und allen, die dem englischen Dramatiker nacheiferten.

Ein Jahr darauf, etwa um die Zeit, als die englische Ausgabe der «Briefe» Martin Sherloks erschien, teilte Friedrich II. urbi et orbi seine Meinung über den «Götz von Berlichingen» in seiner Schrift *«Über die deutsche Literatur, die Mängel, die man ihr vorwerfen kann, welches ihre Ursachen sind und mit welchen Mitteln man sie beheben kann»* (1780) mit, die er in französischer Sprache verfaßt hatte: «Man kann Shakespeare diese absonderlichen Verirrungen nachsehen; denn die Geburtsstunde der Künste ist nie zugleich der Zeitpunkt ihrer Reife. Aber da erscheint nun ein *Götz von Berlichingen* auf der Bühne, eine abscheuliche Nachahmung dieser schlechten englischen Stücke, und die Zuschauer im Parterre klatschen Beifall und verlangen begeistert die Wiederholung dieser widerlichen Plattheiten.»[166] Übrigens spielten bei aller politischen Bedeutung Friedrichs II. dessen literarische Urteile keine sonderliche Rolle. Seine Antipathie gegen alles Deutsche habe vielmehr die Entwicklung der deutschen Literatur befördert, sagte Goethe später in aller Gelassenheit, als er sich möglicherweise unter anderem auch des allergnädigsten Urteils über das eigene Stück erinnerte. Diese Meinung beeindruckte ihn nicht im geringsten, und deshalb bewirkte sie auch keine sonderlichen Emotionen ...

Voltaire vermochte wie kein zweiter, die Antinomie des klassizistischen Theaters und des Theaters Shakespeares zu sanktionieren, und kein anderes Land befolgte sie so konsequent wie Deutschland. Anfangs hatte es sich auf die Seite des Klassizismus gestellt, dann jedoch sich ebenso entschieden von ihm abgekehrt. Inzwischen waren drei Jahrzehnte vergangen, seitdem Deutschland Voltaire für sich entdeckt hatte, «und eben dieser Voltaire, das Wunder seiner Zeit, war nun selbst bejahrt wie die Literatur, die er beinah ein Jahrhundert hindurch belebt und beherrscht hatte.»[166a] Sein Verriß wie auch sein Lob galten jetzt wenig. «Das weiß ich, hätte ich je so was geschrieben, mit voltairischem Witz und Einfluß auf die Schwachen versteht sich, und hätte nachher gesehen, was ich gesehen habe, fürwahr, ich hätte Shakespeares Geist in den Zeitungen um Vergebung gebeten», schrieb Lichtenberg in der zweiten Hälfte der siebziger Jahre.[167] Nicht zufällig entstand gerade in Deutschland gegen Ende des 18. und zu Beginn des 19. Jahrhunderts die beste Übersetzung von siebzehn Stücken Shakespeares, die bis zum heutigen Tag nichts von ihrer Bedeutung eingebüßt hat. August Wilhelm Schlegel (1767–1845), ein bedeutender Theoretiker der Romantik, hat sie in den Jahren 1797–1810 geschaffen. In dieser Zeit erschienen auch seine «Vorlesungen über dramatische Kunst und Literatur» (1808–1811; auch als «Wiener Vorlesungen» bekannt). Sie wurden bereits in der Periode, in der sie gerade gehalten wurden, auszugsweise ins Holländische übersetzt (1810). Es folgten 1814 die französische und die englische, 1817 die italienische Übersetzung. Die französische Übersetzung machte Schlegels Vorlesungen auch in anderen Ländern bekannt, in erster Linie in Rußland. Sie befestigten endgültig Shakespeares Ruhm und brachten dem Klassizismus einen vernichtenden Schlag bei. Die Bewegung, die Lessing eingeleitet hatte, war nicht mehr aufzuhalten.[168]

Und doch hat kein anderer als Voltaire den Stein ins Rollen gebracht. Das war natürlich sein Fehler. Hätte er das Ziel seiner Anstrengungen gekannt, hätte er sich nicht so verbissen gegen deren Ergebnisse gewehrt. Doch erwies sich der Fehler als erstaunlich nutzbringend. Seine Heilmittel brachten die Tragödie ums Leben. Er wollte sie kurieren und initiierte dabei eine Dramatik ganz anderer Art. Was nach Voltaires Überzeugung die Jahrhunderte überdauern sollte, offenbarte nur zubald seine ästhetische Labilität, denn es gehörte, wie sich herausstellte, nicht zu den synthetischen und etwas zum Abschluß bringenden Formen, sondern vielmehr zu den Übergangsformen; Voltaires Tragödien schufen weniger die Grundlagen für Künftiges, sondern kündigten es eher an.

Der Dramatiker Voltaire kämpfte für die Umgestaltung, die größere Lebensnähe und damit die Wiedergeburt der klassizistischen Tragödie. Der Aufklärer Voltaire hingegen schuf Bedingungen, unter denen die Existenz der Tragödie unmöglich wurde. Voltaire begriff dies in bezug auf ihre Shakespeare-Variante (und hatte hier eher recht als etwa die frühen Stürmer und Dränger, die «neue Shakespeares» werden wollten) und in bezug auf ihre antike Variante: In dem Streit zwischen den Anhängern der Literatur der Antike und denen der zeitgenössischen Literatur nahm er eindeutig für letztere Partei. Er begriff nicht, daß die Aufklärung in ihrer rationalistischen Etappe ihrem Wesen nach jede Tragödie, also auch die aufklärerische, ablehnte. Darin bestand auch die paradoxe Situation, in die der große Aufklärer geraten war. Er träumte davon, seinem Jahrhundert eine neue Tragödie zu schenken, doch war er der bedeutendste Repräsentant eines Jahrhunderts, das die Tragödie von Anfang an nicht akzeptierte.

Die Tragödie der Antike war ein Schicksalsdrama. Auch in Shakespeares Tragödien hatte das Fatum seinen Platz. M. A. Barg ist der Meinung, daß Shakespeares Geschichtsauffassung (wie auch die anderer Humanisten) «zwischen zwei Polen schwankt: einerseits dem humanistischen Glauben an die Souveränität der Persönlichkeit, die ihr Leben lenkt und kontrolliert, und andererseits der christlichen Tradition, die das Leben des Menschen und folglich seine Geschichte lediglich als Verkörperung göttlicher Vorsehung betrachtet.» «Shakespeares Zeitgenossen», fährt M. A. Barg fort, «erschien die Geschichte als ein Prozeß, der in zwei Formen verlief: 1) als sichtbare Kette von Ereignissen, die von Menschen entfesselt wurden und 2) als Ergebnis unerforschlichen ‹göttlichen› Ratschlusses. Im ersten Falle werden die ‹Akteure›, die auf der Bühne der Geschichte in Erscheinung treten, nur von dem Nahziel bewegt, das sie völlig ausfüllt und blendet. Ehrgeiz, Machtgier, Hochmut und Engstirnigkeit zwingen sie zu handeln, kurzum: Impulse, die in der Natur dieser Akteure liegen. Im zweiten Falle geht es nicht so sehr um die konkrete Entwicklung von Ereignissen, als vielmehr um deren Ergebnis, d. h. darum, auf welches Endziel sie gerichtet sind. Von dieser Warte aus gesehen, sind die ‹Akteure der Geschichte› nicht mehr als blinde Werkzeuge der Vorsehung ... Das war eigentlich eine tieftragische Sicht der Geschichte. Die souveräne Persönlichkeit erwies sich lediglich als Vollstrecker eines fremden Willens, als Opfer eines großen Selbstbetrugs: Letzten Endes sind alle Verschwörungen, Umwälzungen, Aufstände und blutigen Kämpfe nur dazu da, damit die ‹göttliche Vorsehung› geschieht.»[169]

Natürlich ist die «göttliche Vorsehung» bei Shakespeare nicht mit dem Schicksal der Antike identisch. Wie Giuseppe Mazzini in seiner Schrift «Das Schicksal als Element des Dramas» (1838) nachgewiesen hat, «ereilt bei Aischylos das Schicksal die Persönlichkeit direkt und wirkt unmittelbar auf sie ein, d. h. ohne Zwischenstufen: Es existieren nur das Schicksal und das Opfer, zwischen beiden besteht ein Vakuum. Ganz anders geht es in Shakespeares Dramen zu. Die Notwendigkeit herrscht hier im Verborgenen, unsichtbar, sie handelt lediglich vermittelt, regiert über Zwischenstufen, d. h. Menschen und Vorstellungen, die außerhalb der Persönlichkeit existieren oder, was noch öfter der Fall ist, an sie gebunden sind ... Die Macht des Himmels äußert sich in Shakespeares Dramen fast niemals unmittelbar.»[170] Darin bestand auch der Fehler der deutschen Stürmer und Dränger, die in Shakespeare lediglich einen Apostel der souveränen menschlichen Persönlichkeit sahen, nicht aber seine Abhängigkeit von der Konzeption der «göttlichen Vorsehung». Man kann sagen, daß sie in diesem Falle ebenso Opfer der Selbsttäuschung wurden wie Shakespeares Helden. Doch in einem gewissen Maße erwies sich auch Voltaire, der die souveräne Persönlichkeit bei Shakespeare nie erwähnt hat, als Opfer der Selbsttäuschung. Er sah genau so wenig wie die Stürmer und Dränger die Quellen des Tragischen bei Shakespeare, und hätte er sie entdeckt, dann hätte er sie zwangsläufig zu den «Vorurteilen» gerechnet. Konnte etwa das Vorurteil einer Kunst dienen, die aufklären wollte?

Die Tragödie der Aufklärung kennt weder die antike noch die Shakespearische Quelle des Tragischen. Es gibt für sie kein Schicksal – wohl aber den Fortschritt, der es außer Kraft gesetzt hat. Es gibt für sie keinen Gott – wohl aber «die Menschheit mit der Krone auf dem Haupt», um es mit den Worten von Herbert Wells, eines Aufklärers der Spätzeit, zu sagen.

Voltaires Studium der Wissenschaft und seine Begeisterung für Newton untergrub ebenfalls die traditionelle Grundlage des Tragischen. Bei Newton (so jedenfalls verstehen ihn die meisten) glich die Welt einem vollkommenen Uhrwerk, das weder repariert, noch aufgezogen, noch irgendwelche andere Formen menschlichen Eingreifens benötigte. Hier war Gott präsent – denn wer sonst hatte diesen Mechanismus gebaut und ihn ein für allemal in Gang gesetzt? Und er war es auch wieder nicht, denn er hatte sich doch zurückgezogen, nachdem er sein Werk vollbracht hatte. Der Kosmos brauchte von nun an den Menschen nicht mehr, und deshalb war er ihm auch gleichgültig. Er hatte sich von ihm gelöst und sich der Welt der sozialen Beziehungen zugewandt. Die Natur reagierte nicht mehr mit Katastrophen auf den Schmerz des Menschen. Die große Daseinskette war gerissen.

Doch auch die Welt der sozialen Beziehungen gab den Aufklärern keine unlösbaren Rätsel auf. «Das ist dem menschlichen Verstand unbegreiflich»: Sollten sie etwa diesen Satz akzeptieren? Die soziale Welt existierte für die Aufklärer nicht nach autonomen Gesetzen, die sich von den Gesetzen der Menschen unterschieden. Sie zwang dem Menschen noch nicht ihren Willen auf, sondern war vielmehr bereit, sich seinem Willen zu beugen. Von Newton bis zu Adam Smith war viel Zeit vergangen. Die «Mathematischen Grundlagen der Naturwissenschaft» waren 1687 und «Eine Untersuchung über das Wesen und die Ursachen des Reichtums der Nationen» 1776 erschienen – zwei Jahre vor Voltaires Tod. Der Begriff der Entfremdung kam bald danach auf. In der ewigen Dialektik von Determinismus und Willensfreiheit betonte das 18. Jahrhundert mit allem Nachdruck die Freiheit des Willens. Das verwundert nicht, denn die Epoche der Aufklärung war die Zeit der großen Wende, der Augenblick der Entscheidung, jener äußerst kritische Punkt der Geschichte, da die Freiheit so expandierte, daß sie sich im Bewußtsein der Zeitgenossen der absoluten näherte. Das war nicht gerade eine günstige Zeit für die Tragödie. Einerseits kollidierte der Mensch im 18. Jahrhundert bereits nicht mehr mit der unergründlichen Prädestination Gottes, andererseits sah er sich noch nicht in die Welt des Kaufs und Verkaufs versetzt, die nach eigenen Gesetzen, also unbhängig vom Menschen, existiert. Die Hindernisse, die sich ihm nun in den Weg stellten, waren einfach unüberwindlich. So wird verständlich, weshalb die Rolle des Zufalls in der Tragödie der Aufklärung derart zunimmt. Die Intrige erlangt erstrangige Bedeutung, das Urteil über ein Stück hängt davon ab, ob diese stark oder schwach ausgeprägt ist, Shakespeare erscheint formlos und verschwommen, und die Fabel des «Othello», dieser «Schnupftuchtragödie», empört wegen ihrer Einfachheit. Voltaire verstieß in dieser Beziehung gegen die allgemeine Meinung und wählte sich Shakespeare zum Vorbild. Er versuchte, in der Nachfolge Shakespeares die Intrige in «Zaïre verwickelter zu gestalten (wodurch sie mehr Lebendigkeit erhielt). Das führte letztlich dahin, daß er für die Verfasser des romantischen Melodramas selbst zum Vorbild wurde und, wenn man die genetische Linie im 19. Jahrhundert weiter verfolgt, ebenso für das sogenannte «gut gemachte Stück».

Das war übrigens auch einer der Vorwürfe, die in der Folgezeit gegen Voltaire erhoben wurden. «Aristoteles bezeichnete die Fabel als die Seele der Tragödie. Voltaire behauptete dagegen, die Wahrung der Atmosphäre der Ungewißheit bis zum letzten Augenblick mache die Seele der Tragödie aus, und das klingt wie eine Aristoteles-Adaption für heutige Kurse junger Dramatiker», schreibt beispielsweise Eric Bentley, der bekannte anglo-amerikanische Theoretiker des Dramas. Nachdem Bentley die Worte des Voltaire-Schülers Marmontel «man kann die Handlung ... als eine Art Rätsel betrachten, das am Ende gelöst wird», zitiert hat, fährt er fort: «In dieser Bemerkung widerspiegelt sich nicht nur eine Theorie, sondern auch eine Geisteshaltung. Gespannte Erwartung. Jähes Vorantreiben der Handlung. Anheizen des Interesses. Zunehmende Spannung der Situation. Aufrechterhaltung einer Atmosphäre der Ungewißheit bis zum letzten Augenblick. Das Einfädeln und die Lösung einer Intrige. Handlung, Handlung und nochmals Handlung! Wie bekannt uns diese Sprache ist – die Sprache heutiger Filmwerbung und Theaterankündigungen in den Zeitungen! Nur der Terminus ‹Einfädeln und Lösung der Intrige› klingt altmodisch. Aber auch er blieb gut hundert Jahre in der Mode, nachdem Voltaire ihn hervorgebracht hatte. Das Theater des 19. Jahrhundert war ein Theater des ‹gut gemachten Stückes›, das ‹gut gemachte Stück› ist jedoch eine der Formen der Tragödie, die nach dem Kanon des Klassizismus begründet wurde, und zwar eine Form, die man, je nachdem, welchen Standpunkt man einnimmt, entweder als vollkommen oder als zum Niedergang tendierend charakterisieren kann.» Eric Bentley vertritt den zuletzt genannten Standpunkt. Er sieht die Schwäche dieser Art von Dramatik zu Recht in folgendem: «Da das ganze Stück ein durchgängiges Sujet aufweist, läuft dieses gewissermaßen ins Leere, weil es weder mit etwas verknüpft ist, noch mit etwas zusammenstößt.»[171] Soll man in diesem Falle Voltaire zum Vater des «gut gemachten Stückes» erklären, bei dem das Sujet mit einer großen aufklärerischen Idee «verknüpft» ist?

Dennoch ist der Umstand, daß das 18. Jahrhundert den Anstoß für eine Dramatik mit ausgeprägtem Sujet gab, keineswegs ein Zufall, sondern vielmehr direktes Ergebnis des fehlenden tragischen Weltempfindens.

Voltaire hat nichts Ausgeklügeltes getan. Doch das trifft auch auf seine Gegner zu. Trotz des bedeutenden Impulses, den das Drama der Romantik und des Sturm und Drang dem Theater gab, behauptete es sich selbst in seiner «Shakespeare»-Variante entweder nicht auf der Bühne oder brachte nichts nennenswert Neues und Eigenes mehr hervor. Goethe, Autor des 1773 beendeten «Götz von Berlichingen», des besten Dramas des Sturm und Drang, war in den achtziger Jahren und zu Beginn der neunziger Jahre bereits Verfasser der klassizistischen Schauspiele «Iphigenie auf Tauris» (1786) und «Torquato Tasso» (1790). Schiller bewegte sich von den «Räubern» (1781), die den Sturm und Drang zusammenfaßten, in Richtung Realismus. «Maria Stuart» (1800) hat er unter Sophokles' und Shakespeares Einfluß geschrieben. Von Sophokles lernte er, sich die Tragödie «König Ödipus» zum Vorbild wählend, die Kunst der Straffung des Stoffes und überwand zugleich die alte Vorstellung des Sturm und Drang vom idealen Drama, das «wie bei Shakespeare» aufgebaut sein mußte und «sich an keine Gesetze gebunden fühlte»; von Shakespeare lernte er die Objektivität, an der es ihm früher so sehr mangelte. Schiller stellte dem französischen Klassizismus Shakespeare nicht gegenüber, auch nicht (im Unterschied zu Goethe) einen erneuerten, sich unmittelbar auf die Antike berufenden Klassizismus, sondern ein Drama, das unter diesen beiden Einflüssen eine neue Eigenschaft angenommen hatte – das realistische Drama.

Im Jahre 1843 erfolgte in Frankreich der letzte Zusammenstoß der Romantik mit dem Klassizismus. Auf den ersten Blick sah es so aus, als nähme der Klassizismus Revanche. Die französische Romantik dauerte nur kurze Zeit. Erst unlängst – 1830 ereignete sich die «romantische Revolution» – war es gelungen, Hugos Drama «Hernani» durchzusetzen. Doch schon 1843 fielen «Les Burgraves» durch. Insgesamt also dreizehn Jahre vom Aufschwung bis zum Niedergang! In diesem für die Romantiker unglückseligen Jahre 1843 spielte die letzte große Schauspielerin des Klassizismus, Élisa-Rachel Félix (1820–1858), ihre große Rolle – die Phèdre von Racine. Last not least hatte ebenfalls im Jahre 1843 die Aufführung der klassizistischen Tragödie «Lucrèce» von François Ponsard (1814–1867) großen Erfolg, wenn sich dieser auch als Scheinerfolg erwies. Als bei der Premiere zum wiederholten Male Beifall gegeben wurde, beugte sich Alexandre Dumas (d. Ä.), der im Parterre saß, zu seinem Nachbarn Hugo und flüsterte ihm zu: «Ob sie uns wirklich so hassen, daß sie diesen Schund beklatschen?» Dieser künstliche Erfolge war schlimmer als ein Durchfall, er zeigte, daß die klassizistische Tragödie bereits keine legitimen Rechte mehr besaß, vom Publikum beachtet zu werden. Besagte Rachel zog es vor, Corneille und Racine, nicht aber deren zeitgenössische Nachahmer zu spielen; sie studierte die Rolle der Julia ein, träumte von Lady Macbeth und trat in den Rollen Hugos auf. Und war die Rachel nicht auch die romantische Schauspielerin, die die klassizistische Form gewählt hatte?

Kurzum: Der alte Streit, der gerade mit neuer Kraft entbrannt zu sein schien, verebbte allmählich. Klassizismus hin, Romantik her – wen interessierte das jetzt schon? Nicht zufällig verfaßte George Sand für das anläßlich des 300. Geburtstages Shakespeares (1864) geplante Bankett ein kurzes Sendschreiben, das Shakespeare und Voltaire miteinander aussöhnte.

Gegen die Einheiten kämpfte niemand mehr. Man hatte ihnen einfach ihren Platz zugewiesen. Einst beanspruchten sie die absolute Herrschaft. Nunmehr behielten sie lediglich einige Rechte. Die früheren strengen dramaturgischen Sitten galten als überwunden, doch nicht weniger als die ehemaligen allmächtigen Einheiten fürchtete man jene «Auflösung» der Form, die einige Romantiker (z. B. Mérimée in seinem Drama «La Jacquerie») dem Klassizismus entgegenzustellen versuchten. Von nun an dominierte das Stück, in dem die Einheiten im Bereich der Handlung eingehalten wurden. Shakespeare hatte die klassizistische Form «aufgeweicht», sie jedoch nicht durch seine eigene ersetzt. Er war nicht mehr Nachahmungsobjekt, sondern einfach der unnachahmliche Shakespeare! Neue Shakespeares waren nicht sehr gefragt: Das Theater mußte noch lange Zeit das Alte sich zu eigen machen – dessen komplizierte Form und dessen tiefe Tragik.

Das 18. Jahrhundert hat seinen eigenen Tragiker hervorgebracht, der in der Geschichte des Dramas eine unauslöschliche Spur hinterlassen hat. Doch das war nicht Voltaire, sondern Schiller – ein Vertreter der Generation, die Voltaire ablehnte. Schiller begriff als erster, was das Drama seiner Zeit von Shakespeare entlehnen konnte. Er ahmte ihn nicht nach, sondern lernte von ihm.

Doch waren Schillers Wirken und alle weiteren Veränderungen innerhalb des europäischen Dramas erst möglich geworden durch den großen Wandel der ästhetischen Vorstellungen, der sich im 18. Jahrhundert unter Voltaires Einfluß vollzogen hatte. Dieser Widersacher Shakespeares hatte Europa geholfen, sich diesen Dramatiker anzueignen. Wie sehr hat Lessing Voltaires «Zaïre» verspottet, als er sie mit «Othello» verglich! Die

Geschichte hat uns jedoch ein Beispiel überliefert, daß gerade «Zaïre» den Menschen, die in den Traditionen des Klassizismus erzogen worden waren, ermöglicht hat, zu «Othello» vorzudringen. Und dieses Beispiel spricht für sich.

Am 2. Oktober 1789 hielt der dreiundzwanzigjährige russische Literat Nikolai Michailowitsch Karamsin in Genf seine Eindrücke vom Besuch Ferneys, Voltaires Landgut, fest. «Ja, meine Freunde, es ist nicht zu leugnen, kein Schriftsteller des 18. Jahrhunderts hat so stark auf seine Zeitgenossen gewirkt wie Voltaire», notierte er. «Er schrieb für Leser aller Klassen; Gelehrte und Ungelehrte verstanden ihn, und alle bezauberte er ... In der Tat findet man in seinen Schriften nicht jene großen Ideen, die der Genius der Natur sozusagen unmittelbar gewissen auserwählten Sterblichen einhaucht; aber diese Ideen verstehen auch nur die wenigsten, und daher ist ihr Wirkungskreis auch so beschränkt. Mit Vergnügen betrachten wir den Flug der Frühlingslerche; aber wessen Blick vermag es, dem Adler in die Sonne zu folgen? Wo ist jemand, der nicht die Schönheit der Zaïre empfände? Wie viele aber gibt's, die den Othello bewundern?»[172]

Diese Aufzeichnung stammt, wie schon gesagt, vom Oktober 1789. Karamsin, ein glühender Verehrer Wielands, dem er kurz zuvor in Weimar begegnet war, wußte natürlich, daß «Othello» «Zaïre» weit übertraf; «Zaïre» stand ihm (wie vielleicht auch Wieland) jedoch näher. Dieses Stück entsprach eher dem Geschmack des Jahrhunderts.

Eines abtretenden, verblassenden Jahrhunderts ... Voltaire ebnete mit seiner Nachahmung der großen Shakespeare-Tragödie den Weg, der direkt zu Shakespeare führte. Das Tempo dieser Annäherung nahm zu, je mehr es dem Jahrhundertende entgegenging. Als Karamsin im Jahre 1797 seine «Briefe eines russischen Reisenden» für den Druck vorbereitete, machte er zu dem Passus über «Zaïre» und «Othello» folgende Anmerkung: «Damals habe ich so gedacht!» Wieviel Erstaunen über sich und seine einstige Meinung spricht aus diesem kurzen Satz!

Und in dem 1801 erschienenen Teil der «Briefe eines russischen Reisenden» lesen wir bereits etwas ganz anderes.

«In der dramatischen Dichtkunst besitzen die Engländer nichts Vorzügliches als die Werke eines Schriftstellers; aber dieser eine Schriftsteller ist Shakespeare, und so sind die Engländer reich in diesem Fache der Literatur.

Es ist leicht, über Shakespeare zu spotten, und es braucht dazu nicht Voltaires Genie, sondern nur einen ganz gewöhnlichen Geist. Aber wer die großen Schönheiten nicht fühlt, die Shakespeare hat, der verdient nicht, daß man mit ihm streitet. Seine meisten Kritiker gleichen mutwilligen Knaben, die einen fremdartig gekleideten Menschen auf der Straße umringen und über ihn spotten.

Jeder Schriftsteller trägt das Gepräge seines Jahrhunderts. Shakespeare buhlte um den Beifall seiner Zeitgenossen, und so richtete er sich nach ihrem Geschmack. Was damals witzig schien, ist jetzt langweilig und widrig; das sind die natürlichen Folgen der Fortschritte des Geistes und des Geschmacks, die auch das größte Genie nicht berechnen kann. Aber jedes wahre Talent, das für sein Zeitalter arbeitet, baut auch für die Nachwelt. Die lokalen und konventionellen Schönheiten verschwinden, aber alles, was sich aufs menschliche Herz und die Natur der Dinge gründet, bleibt und behält seine Stärke, im Homer so gut wie im Shakespeare. Die Größe und Wahrheit der Charaktere, das Interesse der Begebenheiten, die Aufschlüsse über das menschliche Herz und die erhabenen Gedanken, die man in den Werken des britischen Dichters antrifft, werden immer auf Menschen von Gefühl unwiderstehlich wirken. Ich kenne keinen Dichter, der eine so alles umfassende, fruchtbare und unerschöpfliche Einbildungskraft besäße wie Shakespeare. Alle Gattungen der Dichtkunst finden sich in seinen Werken. Er ist der Lieblingssohn der Göttin Phantasie, die ihm ihren Zauberstab überlassen zu haben scheint, mit welchem er auf jedem Schritte, den er in ihren wilden Gärten tut, Wunder wirkt.»[173]

Diese Worte Karamsins klingen wie eine einzige feierliche Hymne auf Shakespeare! Wie mühelos werden hier so ganz nebenbei alle Einwände, die Voltaire gegen Shakespeare erhoben hatte, akzeptiert und gleichzeitig zurückgewiesen. Und wie wegweisend wurde das gesagt im ersten Jahr des Jahrhunderts, in dessen Kunstbewußtsein Shakespeare ein für allemal verankert sein sollte.

Wir möchten aber noch einen Umstand hervorheben: Karamsin folgte in seiner Beurteilung Shakespeares genau der Richtlinie, die Voltaire in seinem Achzehnten Brief skizziert hatte. Man merkt natürlich sofort, daß für die Aufzählung der Mängel Shakespeares, die ein Zugeständnis an den Geschmack seiner Zeit waren, die «Philosophischen Briefe» als Quelle dienten. Auch die Tatsache, daß sich Karamsin für eine der «römischen Tragödien», nämlich «Julius Cäsar», entschieden hatte, also genau für die Tragödie Shakespeares, die der klassizistischen Vorstellung am besten entsprach, scheint kein Zufall gewesen zu sein. Er übertrug sie und gab sie samt eigener Vorrede im Jahre 1787 heraus. Voltaire, der Shakespeare ein großes Genie genannt hatte, hatte Karamsin damit außerdem die Hauptthese für seine Lobrede auf Shakespeare geliefert.

Diese Worte blieben in der Erinnerung. Das betraf nicht nur die Romantiker mit ihrem Shakespeare-Kult, sondern auch diejenigen, die gegen sie zu polemisieren versuchten.

Rußland hat eine in dieser Beziehung hochinteressante Gestalt hervorgebracht – Pawel Alexandrowitsch Katenin (1792 bis 1835), einen Dramatiker und Kritiker, der, wie es Puschkin gesagt hat, «sich den klassischen Idealen zuwandte, nachdem er einer der ersten Apostel der Romantik gewesen war und als erster die Sprache und die Gegenstände, die für den kleinen Mann bezeichnend sind, in die hohe Dichtung eingebracht hatte.»[174] Das Hauptziel seiner «Betrachtungen und Besprechungen», einer 1830 veröffentlichten Sammlung von Kritiken, bestand in der Polemik gegen August Wilhelm Schlegel, einer schwierigen Auseinandersetzung, denn dessen «Wiener Vorlesungen» waren zu dieser Zeit in Rußland sehr populär. Katenin klagte sogar, daß er sich wie jemand vorkomme, der vor einer Menge spricht, die ihm zuriefe, er solle abtreten. Dennoch hielt er es für seine Pflicht, seinen neuen Glauben zu verkünden.

Katenin äußerte sich – in der Nachfolge Voltaires – ausführlich über Unstimmigkeiten in Shakespeares Dramen. Er tadelte ihn, weil er Tragisches und Komisches vermische, die komischen Szenen grob geraten seien, worin er ein Zugeständnis an den Geschmack der Menge sieht, er zum Grausamen neige und Berge von Leichen auf der Bühne zu sehen seien. Katenin stellte Shakespeare die französischen Tragiker gegenüber. Er nahm jedoch – und das ist äußerst interessant – Voltaire aus! «Voltaire», so erklärte er, »... ist überhaupt kein Repräsentant des französischen Theaters; er war der erste Dissident, ein Vorläufer der Romantiker.»[175] Umsonst verunglimpften die Romantiker Voltaire, denn wer sonst habe ihnen den Weg geebnet – vor allem mit seinen Lobeshymnen auf Shakespeare?

Doch auch Katenin konnte trotz seiner Streitlust und seines Wunsches, sich allein gegen eine Überzahl zu behaupten, nicht zu der Mißachtung Shakespeares zurückkehren, wie sie für die Zeit vor Voltaire typisch war. Trotz aller seiner Vorbehalte schätzte er ihn höher ein, als es Voltaire getan hatte. «Gegenstand der Kunst im allgemeinen ist der Mensch und der dramatischen Kunst im besonderen der handelnde Mensch», schrieb er. «Wer die Beweggründe für seine Handlung, die Sitten, Gefühle und Leidenschaften überzeugend, aussagekräftig und mit heißem Herzen darzustellen vermag, verdient das Lob der Kenner, unabhängig von dem Kostüm, für das er sich nach heimischem Brauch oder eigener Wahl entschieden hat; dieses Vorzugs wegen haben Sophokles, Shakespeare und Racine gleichermaßen Unsterblichkeit erlangt.»[176]

So wurde Shakespeare in den Kreis derjenigen aufgenommen, die ihm gewöhnlich gegenübergestellt wurden.

Das 18. Jahrhundert hat sehr viel für die Dramatik und das Theater getan. Und dies nicht allein durch eigene Leistungen auf diesem Gebiet. Es hat etwas Größeres vollbracht – es hat im Laufe seiner Auseinandersetzungen und Zerwürfnisse unsere Vorstellung von der Dramatik reformiert, ein neues Kräfteverhältnis geschaffen und uns letzten Endes Shakespeare nahegebracht, weil die Stimme des großen Elisabethaners für die Nachkommen erst vor dem Hintergrund der Dramatik aufs neue erklang, zu der das 18. Jahrhundert den entscheidenden Anstoß gab.

An dieser Stelle müssen wir nicht nur denen unsere Anerkennung zuteil werden lassen, die dieses Jahrhundert beschlossen, die, wie Karamsin es ausdrückte, «Shakespeare genau kannten», ihn verehrten und in ihm eine Quelle der Inspiration sahen, sondern auch denen, die dieses Jahrhundert eröffneten – vor allem Voltaire.

Anmerkungen

1 Auseinandersetzung mit Shakespeare im Deutschland des 18. Jahrhunderts u. a. H. Wolffheim, Die Entdeckung Shakespeares. Deutsche Zeugnisse des 18. Jahrhunderts. Hamburg 1959
2 Siehe A. O. Lovejoy, The Great Chain of Being. New York 1936
3 Friedrich Engels, Dialektik der Natur. In: Marx/Engels, Werke, Bd. 20, Berlin 1962, S. 315
4 Diderot – Ein Lesebuch für unsere Zeit. Weimar 1953, S. 383
5 Friedrich Engels, Dialektik der Natur. a. a. O., S. 522
6 Friedrich Engels, Herrn Eugen Dührings Umwälzung der Wissenschaft. In: Marx/Engels, a. a. O., S. 130 f.
7 Ebenda, S. 131
8 Nowyj Mir, No 11/1970, S. 237
9 A. S. Puschkin, Ausgewählte Werke in sechs Bänden, Bd. 5, Moskau 1950, S. 244 (russ.)
10 Vermutlich bestimmte gerade die Kenntnis Shakespeares die äußerst kritische Einstellung Saint-Evremonds zur französischen Dramatik, die in einem wichtigen Punkt auch von Voltaire geteilt wurde. «Unser an Schönheiten so reiches Theater besaß einen verborgenen Mangel ...», schrieb Voltaire. «Diesen Mangel hat erst Saint-Evremond entdeckt. Er sagte: ‹Unsere Stücke beeindrucken nicht genügend; was Mitleid erregen soll, erregt im besten Falle Rührung; wir verspüren leichte Beunruhigung statt echter Aufregung, Erstaunen statt Schrekken, unseren Gefühlen mangelt es an Tiefe.› Ich muß bekennen, daß Saint-Evremond eine wunde Stelle unseres Theaters berührt hat», fährt Voltaire fort. «Und wenn man noch so oft sagt, Saint-Evremond sei der Verfasser der kläglichen Komödie ‹Der Herr Politiker› und der ‹Opernkomödie›, es gäbe nichts Flacheres als seine Salongedichte, er sei nicht mehr als ein Schwätzer, das eine steht fest: man kann vollkommen talentlos sein und dennoch viel Geist und Geschmack besitzen. Er besaß nun einmal einen subtilen Geschmack, und er hat damit die Ursache für die Langeweile bloßgelegt, die viele unserer Stücke auslösen.» (*Voltaire,* Ästhetische Schriften. Moskau 1974, S. 321) Im weiteren wird, wenn wir uns auf diese Publikation berufen, im Text die Seite in Klammern angegeben.
11 J. J. Jusserand, Shakespeare en France sous l'Ancien régime. Paris 1898, S. 137–138
12 C. M. Haines, Shakespeare in France, London 1925, S. 5–6

13 Zit. nach J. A. Kelly, German Visitors to English Theatres in the XVIII century. Princeton, London, 1936, S. 9
14 Zit. nach George R. Havens, The Abbé Prévost and Shakespeare, vol. XVII. Modern Philology 1919, Nr. 4, S. 180
15 Ebenda, S. 181–182
16 Ebenda, S. 183
17 Zit. nach George R. Havens, The Abbé Prévost and English Literature. Princeton/New York 1921, S. 66
18 Prévost hat folgende Quellen benutzt: N. *Rowe*, Some Account of the Life, etc. of Mr. William Shakespeare (Vorwort zur Shakespeareausgabe von 1709–1710); *Charles Gildon*, An Essay on the Art, Rise and Progress of the Stage in Greece, Rome and England; Remarks on the Plays of Shakespeare. Gildon war Verfasser einiger Stücke und ein sehr fruchtbarer Kritiker, nach Meinung von Zeitgenossen freilich mehr gebildet als talentiert. Seine Arbeiten über Shakespeare beanspruchen heute kein Interesse mehr.
19 Collection Complète des Œuvres de Mr. Voltaires, t. 3, Genève 1771, S. 223
20 Siehe M. A. Barg, Bolingbroke und die englische Aufklärung. In: Bolingbroke, Briefe über das Studium und den Nutzen der Geschichte. Moskau 1978 (russ.)
21 Philip Dormer Stanhope Earl of Chesterfield, Briefe an seinen Sohn Philip Stanhope über die anstrengende Kunst ein Gentleman zu werden. Leipzig und Weimar 1983, S. 78
22 Später hat Voltaire, als er in seinem «Discours sur la tragédie» (1730) die Mängel des französischen Theaters kritisierte, auch diesen Fall nicht übersehen. Nach seinen Worten spielte hier das Vorurteil eine Rolle, das dem französischen Theater insgesamt eigen sei. Wenn der Autor des «Manlius» die wirklichen Namen der Teilnehmer an der Verschwörung des Marquis de Bedmar (1572–1655) beibehalten hätte, der das Ziel verfolgte, spanische Truppen nach Venedig hineinzulassen, dann hätte das Stück allein schon aus diesem Grunde durchfallen können.
23 Über Voltaires Bekanntschaften in England siehe: *Norma Perry.* University of Exter. The Expatriate Distortion Syndrome: Voltaire and his London Acquaintance. In: British Society for XVII century Studies, Newsletter 9, 1976, June
24 Collection Complète des Œuvres de Mr. Voltaire, t. 15, Genève 1771, S. 110
25 Œuvres Complètes de Voltaire, t. 38, Gotha 1786, S. 21
26 J. J. Rousseau, Lettre à d'Alembert sur les spectacles. Paris 1889, S. 139
27 Zit. nach B. G. Reïsow, Die italienische Literatur des 18. Jahrhunderts. Leningrad 1966, S. 89 (russ.)
28 Ludovico Riccoboni, Réflexions Historiques et Critiques sur les différents Théâtres de l'Europe avec les Pensées sur la Declamation. Paris 1738, S. 167
29 Ebenda, S. 170
30 Über einen der ältesten Angehörigen dieser Familie, in dessen Haus

der junge Goethe in seiner Heimatstadt Frankfurt am Main verkehrte, schrieb er in «Dichtung und Wahrheit» (1811–1831): «Der Name von Uffenbach ist bekannt. Ein Schöff von Uffenbach lebte damals in gutem Ansehen. Er war in Italien gewesen, hatte sich besonders auf Musik gelegt, sang einen angenehmen Tenor, und da er eine schöne Sammlung von Musikalien mitgebracht hatte, wurden Konzerte und Oratorien bei ihm aufgeführt. Weil er nun dabei selbst sang und die Musiker begünstigte, so fand man es nicht ganz seiner Würde gemäß, und die eingeladenen Gäste sowohl als die übrigen Landsleute erlaubten sich darüber manche lustige Anmerkung.» (Goethe, Dichtung und Wahrheit. Leipzig 1958, S. 79)

31 Zit. nach J. A. Kelly, German Visitors to English Theatres in the XVIII century, a. a. O., S. 12

32 Ebenda, S. 17

33 Ebenda, S. 21

34 Zit. nach J. A. Kelly. England and the Englishman in German Literature of the Eighteen Century. New York 1921, S. 31

35 André Maurois, Literarische Porträts. Moskau 1970, S. 51 (russ.)

36 Voltaire, Erzählungen, Dialoge, Streitschriften in drei Bänden, Bd. 3, Hrsg. von Martin Fontius. Berlin 1981, S. 102

37 Ebenda, S. 105

38 Ebenda, S. 106

39 Ebenda, S. 105

40 Ebenda, S. 106

41 A.S. Puschkin, Sämtliche Werke in neun Bänden, Bd. 9, Moskau 1937, S. 33 (russ.)

42 N. J. Berkowski, Die Romantik in Deutschland. Leningrad 1973, S. 81 (russ.)

43 Erich Auerbach, Mimesis. Moskau 1976, S. 32 u. 35 (russ.)

44 Ebenda, S. 33

45 Es ist interessant, daß Bertolt Brecht, über die gemeinsame Arbeit mit Charles Laughton an der englischen Übersetzung des «Galilei» berichtend, ebenfalls beiläufig die Bibel und Shakespeare vergleicht (Siehe Bertolt Brecht, Schriften. Über Theater. Hrsg. von Werner Hecht. Berlin 1977, S. 408 u. 409–410). «Es gibt nichts Dümmeres, als Shakespeare so aufzuführen, daß er klar ist. Er ist von Natur unklar. Er ist absoluter Stoff», schrieb er an anderer Stelle (Ebenda, S. 369).

46 Peter Gay. The Englightenment: an Interpretation. The Rise of Modern Paganism. London 1967, S. 35

47 Diese Tendenz setzte sich im 18. Jahrhundert immer mehr durch. Es ist interessant, daß Pierre Jaques Martelli, der italienische Dichter und Philosoph, der das italienische Analogon zur französischen klassizistischen Tragödie zu schaffen versuchte, bereits 1714 in seinem Traktat «Der Betrüger» für die Tragödie die Notwendigkeit deklarierte, sich vom Cartesianismus zu lösen und sich der empirischen Philosophie zuzuwenden.

48 Œuvres Complètes de Voltaire, t. 38, Gotha 1786, S. 17

49 Theatre Complet de Mr. de Voltaire, t. 1, Genève 1768, S. 231

50 Ebenda, S. 224–225
51 Œuvres Complètes de Voltaire. De l'imprimerie de la societe litteraire-typographique, t. 60, 1785, S. 509–510
52 Theatre Complet de Mr. de Voltaire, a. a. O., S. 223
53 Karl Mantzius, A History of Theatrical Art, vol. 5. London 1909, S. 254
54 Daß zu dieser Zeit auch in England die Zuschauer auf die Bühne durften, verschweigt Voltaire wohlweislich. In England wurden sie allerdings bereits 1749 von der Bühne verbannt, in Frankreich erst 1759. Die «Philosophischen Briefe» wurden jedoch 1732 geschrieben!
55 Collection Complète des Œuvres de Voltaire, t. 37. Chez J.-F. Bastien, IV Année Républicaine. Paris, S. 433
56 K. N. Dershawin, Voltaire. Moskau 1946, S. 348 (russ.)
57 Gustave Lanson, Geschichte der französischen Literatur des 18. Jahrhunderts. St.-Petersburg 1899, S. 29 (russ.)
58 K. N. Dershawin, Voltaire, a. a. O., S. 348
59 Gotthold Ephraim Lessing, Hamburgische Dramaturgie. In: Gesammelte Werke, Bd. 6, Berlin 1954, S. 63
60 «Das ist ein auf diesem Gebiet bedeutender Mann», sagte Voltaire über Quinault.
61 Gotthold Ephraim Lessing, Hamburgische Dramaturgie, a. a. O., S. 63 bis 64
62 Gustave Lanson, Geschichte der französischen Literatur des 18. Jahrhunderts, a. a. O., S. 29
63 Thomas R. Lounsbury, Shakespeare and Voltaire. New York 1968, S. 130–131 (1-st ed. 1902)
64 Gemeint ist der Auszug aus Voltaires «Versuch über die epische Poesie» (erstmals im Jahre 1727 in London herausgegeben), in dessen zweite Ausgabe Voltaire eine kurze, doch höchst anerkennende Charakteristik Shakespeares aufgenommen hatte. In seinen Bemerkungen über Shakespeare betonte Voltaire besonders die Tatsache, daß Shakespeares Ruhm nach 150 Jahren nicht verblaßt sei, worin er die überzeugendste Bestätigung der großen Vorzüge des englischen Dramatikers sähe.
65 Œuvres Complètes de Voltaire, t. 3, Gotha 1784, S. 227
66 Ebenda, S. 228
67 Ebenda, S. 344–345
68 S. Johnson. Lives of the most eminent English poets . . . to which are added «The preface to Shakespeare» and review of «The Origin of Evil». London/New York, n.d., S. 509–510
69 Horace Walpole. Die Burg von Otranto. In: Walpole, Schauergeschichten. Leningrad 1967, S. 12–13 (russ.)
70 Ebenda, S. 13
71 Ebenda, S. 14
72 Ebenda
73 J. J. Rousseau, Ausgewählte Werke, Bd. 1, S. 131 (russ.)
74 Louis-Sébastien Mercier, Tableau de Paris (Mein Bild von Paris), Bd. 1. Moskau u. Leningrad 1935, S. 343 (russ.)
75 Denis Diderot, Ausgewählte Werke, Bd. 5, Moskau u. Leningrad 1936, S. 89 (russ.)

76 Denis Diderot, Das Paradox über den Schauspieler. In: Denis Diderot, Erzählungen und Gespräche. Leipzig 1953, S. 365–366

77 Dramatičeskij vestnik, č 1, Nr. 15, 1808, S. 126–127; diesen Beitrag schrieb A. A. Schachowskoi, der Herausgeber der Zeitschrift. Siehe: Essays zur Geschichte der russischen Theaterkritik. Leningrad 1975, S. 67 (russ.)

78 Collection Complète des Œuvres de Voltaire, t. 37. Chez J.-F. Bastien, IV Année Républicaine. Paris, S. 433

79 Ebenda, t. 38, S. 207

80 Œuvres Complètes de Voltaire. De l'imprimerie de la societe litteraire-typographique, t. 61, a. a. O., S. 40

81 Dabei wußte Voltaire vermutlich nicht, daß Sumarokow zu dieser Zeit Shakespeare bereits kannte. Im Jahre 1748 hatte er seine Bearbeitung des «Hamlet» in Petersburg (in der Druckerei der Akademie der Wissenschaften) drucken lassen, die in den Jahren 1752 und 1786 eine Neuauflage erlebte. Hätte Voltaire Sumarokows «Hamlet» lesen können, wäre er eher nach seinem Geschmack gewesen als Shakespeares. Sumarokow hatte den Konflikt – entsprechend den Regeln des Klassizismus – zum Kampf zwischen Liebe und Pflicht verharmlost und Hamlet und Ophelia am Ende heiraten lassen. Auch die Versform hatte Sumarokow geändert. Er wählte für seine Bearbeitung sechsfüßige Jamben.

82 Vielleicht wollte Mercier es gerade ihm heimzahlen, als er einen Pariser Englandfeind mit einem gewissen Journalisten verglich, der, obwohl er kein Wort englisch kannte, Shakespeare kritisierte. (Siehe: Louis-Sébastien Mercier, Tableau de Paris, a. a. O., S. 348)

83 Brief vom 16. Oktober 1760. In: Voltaire, Œuvres Complètes, t. XII, Paris 1847, S. 129

84 Siehe: J. J. Jusserand, Shakespeare en France sous l'Ancien régime, a. a. O., S. 219

85 Zit. nach I. Wolodina, Shakespeare und Alfieri. In: Shakespeare in der Weltliteratur. Moskau u. Leningrad 1964, S. 80 (russ.)

86 Voltaire glaubte allem Anschein nach, daß die Artikel im «Journal encyclopédique» eine Übersetzung aus dem Englischen waren.

87 Aus dem Brief vom 4. Dezember 1765 an den Dramatiker Bernard-Joseph Saurin (1706–1781)

88 Œuvres Complètes de Voltaire, t. 47, Gotha 1787, S. 303–304

89 So hieß die 1787 gegründete Universität, die für Gasthörer gedacht war. In ihr wurden öffentliche Vorlesungen über Literatur und Wissenschaft gehalten.

90 Zit. nach John Lough, Paris Theatre Audiences in the Seventeenth and Eighteenth Centuries. London 1965, S. 203 (1-st. ed. 1957)

91 Thomas R. Lounsbury, Shakespeare and Voltaire, a. a O., S. 269

92 Jedenfalls bestimmte der Geschmack der Aristokratie die Stimmung des Saals (wobei das Publikum immer heterogen zusammengesetzt war).

93 I. Iwanow, Die politische Rolle des französischen Theaters im Zusammenhang mit der Philosophie des 18. Jahrhunderts. Moskau 1895, S. 305 (russ.)

94 Ebenda
95 Louis-Sébastien Mercier, Tableau de Paris, a. a. O., S. 474
96 Ebenda, S. 197
97 Rétif de la Bretonne, Das Verderben des Landmannes oder Die Gefahren der Stadt. Moskau 1972, S. 257 (russ.)
98 Der Preis für einen Platz im Parterre hatte sich um mehr als das Doppelte erhöht – von 20 auf 48 Sous. Goldoni schreibt in seinen «Mémoires», daß sich das jedoch nicht wesentlich auf die Zusammensetzung des Publikums auswirkte, denn die Zuschauer, die früher Logenplätze und Plätze im Amphitheater zu dem sehr hohen Preis von 6 France nehmen mußten, erhielten nun die Möglichkeit, das bequemer gewordene Parterre zu besuchen (und somit öfter ins Theater zu gehen). Siehe: C. Goldoni, Mémoires, Bd. 2. Moskau 1933, S. 622
99 Über den darauffolgenden Einzug Shakespeares in das demokratische Boulevard-Theater siehe insbesondere: F. Kožik, Největši z Pierotů. Leningrad 1973, S. 252. Im vorliegenden Fall ist von Shakespeares Einfluß auf die französische Pantomime die Rede.
100 Rétif de la Bretonne, Das Verderben des Landmannes oder Die Gefahren der Stadt, a. a. O., S. 346–347
101 Louis-Sébastien Mercier, Tableau de Paris, Bd. 2, a. a. O., S. 358 bis 359
102 Ebenda, S. 362–363
103 Ebenda, S. 49–50
104 Das Bedürfnis, Shakespeare im Theater erleben zu dürfen, machte sich in diesen Jahren offenbar sehr stark bemerkbar. Bereits ein Jahr vor Ducis' Stück erschien die Bearbeitung von «Romeo und Julia», die ein gewisser Chevalier de Chasteleau angefertigt hatte. Und 1773 hatte der ebenfalls kaum bekannte Hauptmann Duain seinen «Kaufmann von Venedig» geschrieben.
105 S. S. Mokulski, Geschichte des westeuropäischen Theaters, Bd. 2. Moskau u. Leningrad 1939, S. 178 (russ.)
106 The Complete Works of Voltaire, vol. 108, Oxfordshire 1792, S. 279
107 Œuvres Complètes de Voltaire, t. 67, Gotha 1789, S. 134
108 Théophile Gautier, Gesammelte Werke in zwei Bänden, Bd. 1. Moskau 1972, S. 479 (russ.)
109 Œuvres Complètes de Voltaire, t. 68, Gotha 1789, S. 261
110 The Complete Works of Voltaire, vol. 127, Oxfordshire 1795, S. 239
111 Œuvres Complètes de Voltaire, t. 68, Gotha 1789, S. 264
112 Es ist interessant, daß diese Meinung Rymers, eines in seiner Zeit sehr einflußreichen Kritikers (er veröffentlichte zwei Bücher, die sich speziell mit der Tragödie befaßten – «Kritische Betrachtung der Tragödien des vergangenen Jahrhunderts» (1678) und «Kurzer Überblick über die Tragödien» (1693) und war von 1692–1713 königlicher Historiograph), der es des öfteren mit der Wahrheit nicht so genau nahm und sich zudem lange vor Beginn der Aufklärungsbewegung formiert hatte, auf dem Kontinent wiederholt als Beispiel für die Beziehung, die die Engländer fast der gesamten ersten Hälfte des 18. Jahrhunderts zu Shakespeare hatten, verwendet wurde. Diesen Fehler machte auch der russische Wissenschaftler Tschebyschew, der

in seinem Buch «Essays zur Geschichte des europäischen Dramas. Die englische Komödie am Ende des 17. bis zur Mitte des 18. Jahrhunderts» (St.-Petersburg 1897) Rymers Meinung wiedergibt, «Othello» sei eine «Schnupftuchtragödie», wie sie für die zwanziger und teilweise dreißiger Jahre des 18. Jahrhunderts charakteristisch sei. Erst die «Wiedergeburt» (?) des «nationalen bürgerlichen Trauerspiels» und die Verdienste Garricks, «dessen geniales Spiel in den Stücken des großen Dramatikers in der englischen Gesellschaft Interesse für letzteren weckte» (S. 9), bedeuteten nach Tschebyschews Auffassung das Ende dieser Einstellung zu Shakespeare. In Wirklichkeit verlief die Geschichte Shakespeares im England des 18. Jahrhunderts keinesfalls so dramatisch (wobei natürlich die Bedeutung dieses Dramatikers im Laufe der Zeit immer universaler erfaßt wurde). Obwohl die auf Frankreich eingeschworenen Aristokraten ihm «Fehler» und einen «schlechten Geschmack» vorhielten, blieb er doch immer der große Dramatiker der Nation.

113 Siehe: Thomas Besterman, Shakespeare et Voltaire. Humanisme actif, I Paris 1968, S. 88

114 Diese Bearbeitung hat Belinski zu der bekannten Äußerung über Ducis veranlaßt: «Man hat ‹Othello› gegeben, ein wiederum triviales Machwerk des Barbaren Ducis», schrieb er in seinem Artikel «Meine Meinung über das Spiel von Hern Karatygin“ (1835). Siehe: W. G. Belinski, Gesammelte Werke in drei Bänden. Moskau 1948, S. 96 (russ.)

115 Er nannte ihn einen Reformator der Tragödie und einen Dramatiker, über den allein die Menschheit und die Zeit befinden können.

116 Eschenburgs Übersetzungen, auch als «Mannheimer Shakespeare» bekannt, erschienen 1778–1783. Es gab ebenfalls eine Übersetzung des Stücks «Romeo und Julia» von Christian Felix Weiße, die 1768 gedruckt wurde. Die genannten Texte übersetzte man später ins Holländische und führte sie sowohl in Holland als auch in Belgien auf.

117 Œuvres Complètes de Voltaire, t. 16, Gotha 1784, S. 254

118 Ebenda, S. 254–255

119 Ebenda, S. 255

120 Ebenda, S. 256

121 Ebenda, S. 259

122 Ebenda, S. 257

123 Ebenda, S. 265

124 Ebenda, S. 266

125 Ebenda, S. 260

126 Gustave Lanson, Geschichte der französischen Literatur des 18. Jahrhunderts, a. a. O., S. 23. Lanson spielt damit auf Voltaire an. «Voltaire verkörpert die ganze Tragödie des XVIII. Jahrhunderts: wir brauchen nur auf ihn und sonst niemand einzugehen», schreibt er wenig später (ebenda, S. 30).

127 Fontenelle, Œuvres Complétes, v. IV, Paris 1790, S. 11–12

128 Denis Diderot, Ästhetische Schriften. Hrsg. von Friedrich Bassenge. Berlin 1967, Bd. 1, S. 34

129 Ebenda, S. 313

130 Louis-Sébastien Mercier, Théâtre complet, t. 1. Amsterdam 1778, S. 3
131 Diderot, Ästhetische Schriften, a. a. O., Bd. 1, S. 195
132 Ebenda, Bd. 2, S. 502
133 Encyclopédie, t. XV, Paris 1765, S. 542
134 Ebenda, S. 543
135 Ebenda
136 Ebenda
137 Ebenda, S. 544
138 Encyclopédie, t. 38, Paris 1774, S. 496
139 Ebenda
140 Denis Diderot, Philosophische Schriften. Hrsg. von Theodor Lücke. Berlin 1961, Bd. 2, S. 64
141 Diderot, Ästhetische Schriften, a. a. O., Bd. 2, S. 311
142 Ebenda, Bd. 1, S. 190
143 Ebenda, S. 173
144 W. Folkierski, Entre le classicisme et le romantisme. Cracovie-Paris 1925, S. 579
145 Diderot, Ästhetische Schriften, a. a. O., Bd. 1, S. 310 f.
146 Ebenda, S. 197
147 G. W. Plechanow,Über Kunst und Literatur. Moskau 1948, S. 173 bis 174 (russ.)
148 Ebenda, S. 180
149 Dieser Widerspruch war auch durch Voltaires Bühnenpraxis herangereift. Wie bereits Ende des vergangenen Jahrhunderts erkannt wurde, versetzte Voltaire den Gesetzen der Einheit gerade dadurch einen empfindlichen Schlag, daß er versuchte, nachdem er sich von der einfachen Handlung seiner Vorgänger losgesagt hatte, künstlich und gewaltsam, nur, um diese Gesetze formal einzuhalten, die immer verwickelteren Handlungen seiner Dramen dem Gesetz der Einheit von Zeit und Ort anzupassen.
150 A. Musset, Gesammelte Werke in zwei Bänden, Bd. 2. Moskau 1957, S. 591 (russ.)
151 Siehe: B. G. Reïsow, Shakespeares Schicksal in der Literatur des Auslands. In: B. G. Reïsow, Aus der Geschichte der europäischen Literaturen. Leningrad 1970, S. 365 (russ.)
152 Johann Peter Eckermann, Gespräche mit Goethe in den letzten Jahren seines Lebens. Berlin u. Weimar 1982, S. 331
153 Gotthold Ephraim Lessing, Aus dem 17. der «Briefe, die neueste Literatur betreffend» (1759). In: Lessing, Auswahl in drei Bänden, Bd. 1. Leipzig 1952, S. 199–200
154 Gotthold Ephraim Lessing, Aus dem 17. der «Briefe, die neueste Literatur betreffend» (1759), a. a. O., S. 200
155 Goethe, Dichtung und Wahrheit. Leipzig 1958, S. 262
156 Ebenda, S. 318
157 Ebenda, S. 502
158 Ebenda, S. 275–276
159 Gotthold Ephraim Lessing, Hamburgische Dramaturgie. In: Gesammelte Werke, Bd. 2, a. a. O., S. 289–290
160 Ebenda, S. 290

161 K. N. Dershawin, Voltaire, a. a. O., S. 337

162 Goethe – Ein Lesebuch für unsere Zeit. Erfurt 1952, S. 321

163 Karl Mantzius, A History of Theatrical Art, vol. V. London 1901, S. 151

164 Johann Gottfried Herder, Shakespeare. In: Herder. Goethe. Möser. Von deutscher Art und Kunst. Leipzig 1978, S. 56

165 Nach Auffassung des amerikanischen Kritikers G. Betz bestimmte gerade die Beschreibung der von David Garrick gespielten Rolle Hamlets in beträchtlichem Maße die Konzeption dieser Rolle in Schröders Inszenierung. Diese Vermutung scheint wenig gerechtfertigt. Schröder faßte Hamlet als originelle Abwandlung von Goethes Werther auf; Garricks Hamlet hatte, wie das Lichtenbergs Beschreibung belegt, keine unmittelbare Beziehung zu dieser Figur. Wenn sich Schröder auch auf Garricks Erfahrung stützte, so legte er sie wesentlich anders aus. Siehe: Gotlieb Betz, Lichtenberg as a Critic of English Stage. – The Journal of English and German Philology, vol. XXIII, Universitiy of Illinois, 1924

166 Zit. nach Friedrich II. von Preußen, Schriften und Briefe. Leipzig 1985, S. 383

166a Goethe, Dichtung und Wahrheit, a. a. O., S. 493

167 Georg Christoph Lichtenberg, Aphorismen, Essays, Briefe. Leipzig 1985, S. 313 f.

168 In der Geschichte der deutschen Shakespeare-Übersetzungen verdient die Übersetzung von «Macbeth» Beachtung, die Schiller im Jahre 1800 besorgte. Dabei ist besonders interessant, daß Schiller sie anfertigte, als er an seinem Drama «Maria Stuart» arbeitete, in dem er versuchte, mit Shakespeares Hilfe die Subjektivität seiner frühen Dramen zu überwinden. Nachdem er die ersten Akte von «Maria Stuart» geschrieben und den dritten entworfen hatte, verschob Schiller die Arbeit an seinem Stück und nahm sie erst wieder auf, als er die Übersetzung fertiggestellt hatte. (Diese Angaben habe ich dem Vortrag von Prof. S. E. Libenson entnommen, den dieser am 6. Juni 1978 auf der Allunions-Shakespeare-Konferenz in Moskau gehalten hat).

169 M. A. Barg, Shakespeare und die Geschichte. Moskau 1976, S. 105 bis 106 (russ.)

170 Giuseppe Mazzini, Ästhetische und kritische Schriften. Moskau 1976, S. 279 (russ.)

171 Eric Bentley, Das Leben des Dramas. Moskau 1978, S. 22–23 (russ.)

172 N. M. Karamsin, Briefe eines russischen Reisenden. Berlin 1977, S. 307–308

173 Ebenda, S. 643–644

174 A. S. Puschkin, Sämtliche Werke in sechs Bänden, Bd. 5. Moskau 1950, S. 204 (russ.)

175 P. A. Katenin, Betrachtungen und Besprechungen. Moskau 1981, S. 148 (russ.)

176 Ebenda, S. 162

Personenregister

ISBN 3-364-00167-7

VEB VERLAG DER KUNST DRESDEN
Veröffentlicht 1989 unter der Lizenznummer 413-455/14/89 Gesamtherstellung Grafischer Großbetrieb Völkerfreundschaft Dresden. Umschlaggestaltung Fritz Kossack. Printed in the German Democratic Republic. LSV 8101. Best.-Nr. 500 776 7
00280